修練幸福力

陪伴與成長的故事

陳麗婷、林進修、黃筱珮——著

目錄

序　愛，永無止境

林建煌・臺北醫學大學校長

台東孩子的書屋、高雄那瑪夏願景屋、台灣身心障礙者音樂關懷協會、財團法人張炎虎社會福利基金會，這些分布台灣北、中、南、東的社會團體，串起臺北醫學大學涓涓愛心，匯聚成公益慈善洪流，落實北醫大體系的企業社會責任（CSR），也為台灣盡一份心力。

自二〇一五年開始，北醫在每年年底，展開慈善義賣捐款活動，將義賣所得捐給需要協助的團體，為他們圓夢。五年來，北醫持續不懈，把愛心種子散播出去，目前已開花結果。

台東孩子的書屋，是已故創辦人陳俊朗呵護偏鄉貧困孩子愛的故事，二十年來照顧兩千五百個孩子，讓他們在書屋的庇護下，得以成長。

高雄那瑪夏卡那卡那富族，飽受二〇〇九年八八風災的摧殘，為了生存下去，他們亟需興築一棟願景屋，設置願景窯烘烤麵包，才能實現原住民自給自足的生活。

台灣身心障礙者音樂關懷協會，由台中特殊教育學校陳蔚綺老師發起成立，義務教導身心障礙學生發揮音樂潛能及才華。雖然孩子們身體有缺陷，但是心靈充滿色彩、歡樂與活力，勤奮努力苦練，獲得國際音樂比賽大獎。

張炎虎基金會協同萬芳醫院設立文山區石頭湯服務站，是萬芳醫院二〇一七年參與台北市政府社會局委託辦理的文山區社區整合照顧服務站，重視在地老化，做到社區人照顧社區人，連結醫療與生活照顧，以銀髮長者為中心，提供一站式服務，從銀髮長者健康照顧、長照資源諮詢，到居家服務、醫療及居家環境的改善等，讓社區民眾感受石頭湯的用心與溫暖。

五年來，北醫贊助的社會團體涵蓋兒少、原住民、身心障礙及高齡者等不同領域，他們都是需要社會關懷的族群，北醫藉著募款推動公益，將愛心積沙成塔、拋磚引玉。北醫在過去的歲月裡，積極展開慈善募款活動，正是落實北醫大體系核心價值之一「社會服務」的理念，把愛送到台灣被遺忘的各個角落。

《修練幸福力：陪伴與成長的故事》是一本詳實記錄北醫大五年來透過募款、公益活動贊助急需幫助團體的精采實寫，本書以敏銳的觀察及生動的筆觸，上山下海深入現場，描述這些團體日常工作生活點滴，讓大家知道，他們在艱困中，追求理想、永不放棄的動人故事。

期望透過本書，可以鼓勵更多善心人士及團隊，有錢出錢、有力出力，針對全台有理想抱負但欠缺資源的個人或團隊，協助一臂之力，讓他們感受人間的溫暖，而能勇敢卓絕完成心中夢想，譜下台灣社會溫馨動人的一頁。

緣起

從真正需要的地方做起

醫學生在披上白袍之前，需要具備什麼樣的能力？

選擇行醫之路的原因或許有許多，然而若要成為真正的醫者，卻只有一條路。

醫師只是平凡人，在披上白袍之後，擁有搶救生命的機會，但那往往也是人性考驗的開始，而具備社會關懷的能力，是相當重要的課題。

幸福是負起社會責任

身為教育國內醫療保健人才的重要單位，善盡社會責任，一直是臺北醫學大學（以下簡稱北醫大）秉持的信念，北醫體系也向來以品質與社會責任做為機構發展的核心，並以華人醫療服務品質管控與社會責任（CSR）的先行者自許。

早在二〇〇七年，現任北醫大董事李祖德便開始重視「幸福機構」的論述，也就是做一個有社會責任的機構，並朝向以北醫大醫療體系全員幸福機構為目標前進，更在二〇〇九年發表《永續發展報告書——二〇〇九年社會責任報告》。

這份永續報告書，不僅通過英國標準協會（BSI）嚴格的第三者獨立查證，北醫大也是台灣第一個通過這項查證的學校機構，獲得全球永續發展報告書協會第三代綱領（GRI G3）證書，同時也達到AA一〇〇〇AS（Account Ability 1000 Assurance Standard）國際查證標準，建立一份與國際接軌並具公信力的報告書。

落實人文情懷

二〇〇九年永續發展報告書的發表與查證，展現了北醫大在經濟、環保與社會三大方面資訊揭露的高度透明、資料完整，並將這個觀念落實於全校師生。

對內，李祖德說明，優化員工福利，一直是北醫體系著重的事項，更期許校內員工及學生能投入社會關懷的行列，也不吝惜給予學生相關資源。

對外，如何參與社會關懷，是北醫大的重要課題。

在需要的地方給予愛

李祖德說，北醫大在確立目標後，開始制定策略，選出適合北醫醫療及教育體系投入的項目，最後挑選出台東孩子的書屋、那瑪夏原住民部落、台灣身心障礙者音樂關懷協會、萬芳醫院石頭湯計畫四個項目，兼顧兒少、原住民、身心障礙、年長者等重要社會議題投入。

最重要的是，李祖德認為，要幫助他人，不能光靠自己想像，每一項投入都必須與對口單位來回溝通、協調，建立良好平台，才能解決問題，達到善盡社會責任的意義；此外，為了加強參與，每年也號召北醫大老師們以義賣方式，將義賣金額捐給這四個項目（每年輪流捐給一個項目），以妥善分配資源。

「我們專做別人不願意做的，也不搶鎂光燈，」李祖德說，北醫大身為教育機構，更應該從教育觀點告訴學生，在社會的很多角落裡，有非常需要被關懷的一面，期許學生們不僅專注於學習，還要關懷弱勢及需要被關懷的人，這才是學醫真正的目的。

第一部

愛在偏鄉

——台東孩子的書屋

愛與陪伴，
彌補偏鄉孩子原生家庭功能失調的缺憾。
孩子們也在溫暖微光中找回對生命的信心。

1 陳爸給「黑孩子」的家

「我剛才吉他有彈錯嗎？你再幫我聽聽看」、「這個手指要按這裡，音才正確」……

三、五個孩子圍繞著一位皮膚黝黑的男性，一下子要他教吉他、一下子要他回答數學問題，他則耐心看著每個孩子，不厭其煩解答孩子們課業、生活上的問題。

他，是陳爸，這裡是偏鄉孩子的第二個家——建和書屋。

遠在台北都會區外、超過三百多公里的台東，這個被稱為台灣「後山」的地方，因為遠離都會區，長期資源缺乏，再加上許多青年人口為養活孩子與年長的父母，迫於無奈離鄉背井，造成孩子隔代教養、家庭結構不完整，進而有些孩子在求學或心理成長過程中，選擇自我放逐或逃避……

這群孩子，就是陳俊朗口中的「黑孩子」——不是因為他們皮膚黝黑，而是因為孩子們身處的家庭結構問題多、經濟條件弱勢等背景，於是成立孩子的書屋文教基金會，陪伴黑孩子們走向光亮之路。

原本只是想陪兒子長大

時間拉回到二十年前。

過去的陳俊朗，和許多人一樣，努力打拚賺錢，賣過車子、房子，還曾和朋友合夥開酒店。在他忙於賺錢的過程中，最令他感受強烈的是，回到家，兩個兒子早已熟睡，等到早上起床，孩子已出門上學……，自己與家庭的距離愈來愈遙遠。但他捫心自問：「我明明是很愛孩子的人！」

賺錢與孩子間無法兩全，陳俊朗在一九九九年決定，從台東市回到老家建和部落，與孩子好好過生活。

他最初的想法是，找個公職或簡單的工作，有時間好好陪孩子長大。他計劃考書記官，邊讀法律書、邊陪兩個兒子。

沒料到，陳俊朗開始接觸部落的孩子後，根本沒時間讀書，更別說參加考試。

會開始陪部落孩子，起因於學校都有所謂的故事媽媽，負責說故事給孩子聽，而他平時經常說故事給兒子聽。「也許是說得太好，」陳俊朗笑說，兒子乾脆推薦他給學校老師，讓他到學校講故事，成為故事爸爸，「我說故事真的很受孩子歡迎！」

長久相處下來，他回想起，自己還在念書時，就曾聽過有同學被毆打或沒錢繳學費，甚至遭性侵。不過，小時候的記憶不深、也不真實，直到再度接觸孩子們，常聽到他們無意間說起家庭狀況，以及各種不幸的遭遇。

家務事，介入還是視而不見？

「剛開始，我會有情緒，不解為何會有這樣的父母？」與孩子們的距離愈近，陳俊朗聽到的問題愈多，卻愈感無能為力。

他坦言，自己曾想過不要涉入太深，畢竟介入別人的家庭問題，往往吃力不討好。

「你知道這女孩子被性侵，該怎麼辦？衝去她家打人嗎？」尤其，家庭出問題的並非個案，數量之多遠比想像嚴重，在介入與視而不見之間，陳俊

陳爸（圖中著藍色T恤者）帶著孩子念書、運動、共進晚餐......，孩子們在書屋感受到前所未有的溫暖。

朗陷入了掙扎。

陳俊朗曾碰到一位女生，從國小一、二年級開始，便遭親生父親性侵，當她敢講出來時，已是國中一年級。提起往事，她的臉色慘白、全身發抖，甚至她說會拿刀割傷自己的胸部。

他意識到這些事情對小孩子的影響及嚴重性，再也無法選擇沉默。

婉轉溝通，避免傷害

每當孩子們開心離去，不久便跑來說被爸爸打，「我心裡很難過，」陳俊朗直言。不過，他總會等到心情平靜、不憤怒時，才前去孩子家中拜訪，委婉瞭解他們的家庭狀況。

面對遭性侵孩子的家庭，他還是婉轉溝通，「要不要讓女兒到我朋友家住一陣子，孩子們可以一起念書、學習？」

「我一心只想保護他們，」他說，如果講得太坦白或直接，家長多半選擇粉飾太平，或說小孩子亂講話，也可能暴跳如雷，認為外人無權插手。如此，無法救孩子於水火。

可是，「真的防不勝防，」為了保護孩子，陳俊朗教他們，尤其是女孩兒，隨身帶著哨子，遇到長輩喝了酒或情緒不好時，先去鄰居或朋友家迴避一下。同時，他也開始與孩子的鄰居溝通，希望鄰居可以主動關懷。

鄰居多少都知道這些孩子的家庭狀況，也許不見得願意涉入，但鄰居媽媽們總是會看不下去，以自己的方式保護這些孩子。

無能為力卻又無法放手

接近晚餐時間，許多孩子仍捨不得離開，他們喜歡書屋、喜歡跟在陳爸屁股後面，當陳爸及老師端出熱騰騰的菜餚，孩子們蜂擁而上，吃得津津有味，站在一旁的陳俊朗與老師們，總是既開心，又同時感到一陣心酸。

「很多孩子渴望家的溫暖跟愛，他們在這裡找到那種感覺，」陳俊朗帶著孩子念書、運動，甚至和他們共進晚餐，原本放學後無處可去的孩子們，感受到前所未有的溫暖。久而久之，孩子們也希望能有好的表現，獲得他的認同。

然而，現實問題是，大家跟著他運動、讀書，每個人的一日三餐不能少，若再碰上繳不起學費的孩子，也得想辦法籌錢繳學費，甚至請課後輔導的老師來加強功課，樣樣都需要花錢。

那時的陳俊朗沒有收入，而且一方面要花時間陪孩子、一方面自己的積蓄已經花用殆盡，家人一度無法諒解。處在這樣的狀況下，他也曾經想放棄，只是無論如何放不下，因為「我是他們願意奮發向上、勇敢面對家庭問題的動力，如果放棄了，孩子們也會想放棄。」

他回想自己一人獨撐的七年，眼看積蓄花光，曾經好幾次逃離，「我告訴孩子們：『陳爸真的沒空，你們不要來找我。』」

說出這些話的陳俊朗，無比心痛。當他承受不了孩子們的眼光，便會躲到台東市一、兩天，但總有小孩打電話給他：「我爸又脫我衣服……，我又被打……」聽完後，他馬不停蹄回去幫忙解決。

書屋的誕生

「即使想回去做生意，但心思都在這群孩子身上，」陳俊朗看到很多孩子，已經是國中生，課業表現卻只有國小二、三年級的程度，更擔心他們要如何自己面對家庭問題。這時他才知道，自己根本離不開。

從一開始的兩個、十個學生，一直到庭院曾一度擠滿六十多個學生，孩子們跟前跟後喊陳俊朗「陳爸」。

孩子的書屋目前設有建和、建農、美和、溫泉、南王、知本、小高、國高、利嘉，共九個書屋，照顧十四個社區、約兩百五十個孩子。

每天，書屋的中央廚房會供餐給孩子，他們在那裡寫功課、接受課業輔導，也「學習」如何「玩」。

他記得，有次下大雨，門前的屋簷下擠了好幾十人躲雨，有學生問他：「陳爸，我們可以找個地方念書嗎？」

起初只想陪孩子們念書的陳俊朗，知道孩子們已把他當親人且非常信任，於是他在家附近找了一處據點。

這處據點，成為孩子們口中的「書屋」，也就是建和書屋，裡面不僅有念書、吃飯等空間，還有洗熱水澡的浴室。

做得愈多，需求愈多

陳俊朗因為說故事而接觸部落的孩子們，故事爸爸從學校講到了家門前的庭院，還帶著大家打球、運動，而在孩子的書屋誕生後，他身上的責任更加沉重。

他細數孩子們的狀況：

有些孩子家裡距離洗澡區要走一段路，還必須自己燒熱水，但他們年紀小又不會燒水，甚至有小女生七、八個月沒洗澡⋯⋯

有些男生一整年沒洗澡，抓他們去洗，滿地都是黑褐色的水⋯⋯

陳俊朗笑說：「這是丐幫聚集地嗎？」因此，書屋提供孩子一個方便洗熱水澡的地方。

書屋成立後，孩子們在放學後有了去處。在這裡念書、和大家一起運動與學習，孩子們有了家的感覺。然而，對陳俊朗來說，挑戰才剛剛開始。

兼顧孩子學業與專長

靠著積蓄及偶有朋友的協助，建和書屋成了孩子們的家，孩子們的各種需求也逐漸浮現。

陳俊朗舉例，很多學生的課業程度落後太多，憑著一己之力，能教他們的畢竟有限，必須請學有專長的人來教導；此外，這些孩子也許不是課業成績最好的學生，卻各有所長，若協助發揮，也許能給予他們更大的成就感。「剛開始，我重看了數學等教科書，將課本內容透過更生活化、更簡單的方式教導孩子，」但孩子總會提出問題，陳俊朗未必全部能夠解答，對於專業老師的需求慢慢浮現。

除了課業，興趣與專長也很重要，「有些孩子六科成績加起來可能不到一百五十分，卻很會玩飛盤，彈吉他也學得快，」陳俊朗知道，他們是有優點的，只是欠缺成功經驗，因為過去孩子的成績或表現好壞沒人在乎。

「我表揚他們，期盼他們找到自己的興趣，慢慢回到正軌，」為了讓大家多方嘗試，他搬出十八般武藝，除了教大家學吉他、玩飛盤、念書、耍雙節棍，也找來體育老師和大家騎單車或請朋友來教他們唱歌，希望能盡量幫孩子找出興趣。然而，即便有人義務協助，也無法全面滿足孩子的需求。

制度化才能走得長遠

巧婦難為無米之炊，要滿足孩子的需求，僅僅「有心」還不夠。陳俊朗明白，軟、硬體設備建置都需要經費，只靠善心朋友一次次捐助，這條路難以走得長遠。因此，成立協會勢在必行。

二〇〇七年，因為一群志同道合夥伴的加入，台東縣教育發展協會正式成立，並登記立案，將孩子取的「孩子的書屋」名稱寫在看板，並以鐵絲綁在電線桿上，書屋型態終於有了雛形。

當時加入的成員，包括：陳秋蓉、阿潘老師（王計潘）、唐琍誠、楊惠菁、王仲驊等人，大家四處籌錢，只為了能繼續照顧這些孩子；甚至，沒錢時，大家仍未放棄，大人們有近四、五個月的時間一起吃泡麵，度過難關。

所幸，當時有善心人士點點滴滴幫助書屋，書屋照顧孩子的事蹟也開始為眾人知曉，甚至有人希望陳俊朗到別處成立書屋。不過，他深知，每個地方都有需求，但財務捉襟見肘，即使有心也很難遍地開花。

二○○八年，教育主管單位推出學校、社區、家庭聯合攜手照顧、輔導孩子的課業，展開針對國中生的「攜手計畫」與鎖定國小生的「月光天使」計畫，孩子的書屋也是受委託單位之一。

陳俊朗說，「攜手計畫」讓他有機會將其他地方的需求具體化，當時陸續成立許多書屋，並與學校老師一起執行，還邀請大學生來教孩子。

擴張過快陷入拮据

有師資又有學校背書，不僅各地方活動中心均能使用，當地人也會協助，陳俊朗一度高興著孩子們都能受到更好的照顧。

「但我們高興得太早，」陳俊朗回憶，因為照顧的孩子人數增加，或許餐費只要五萬元、十萬元就能解決，但師資所需經費最多，再加上為期兩年的「攜手計畫」截止，沒有經費挹注，「這些書屋怎麼辦？」

陳俊朗遭受極大壓力，但是，孩子們已經來到書屋，「叫他們不要再來？我做不出來。」

書屋不僅陪伴孩子讀書，更給予他們正向能量，度過人生中需要有人陪伴成長的歲月。

在陪伴學習的過程中，書屋師長並不計較孩子的考試成績，但他們衷心期盼，能夠讓孩子不再感到孤單。

「陳爸，這種事情我們從小到大一直重複，你告訴我可以來，但最後卻騙了我……」某個孩子對陳俊朗說的這句話，在他腦海裡烙下深刻印象。

孩子對你有期待，以為你可以解決問題，結果你卻辜負了他們。那孩子的眼神，讓他更加不忍。

兩難之下，陳俊朗集合所有人，告訴大家，僅保留建和書屋。但他承諾孩子，半年時間，他會與夥伴們想辦法解決問題。歷經不斷撰寫計畫、籌措財源的過程，一年多後，終於出現了對書屋來說最大的契機。

從一個人到一群人

陳俊朗的二姊從爸媽那裡得知他的狀況，特地親自走一趟書屋，他說，「二姊得知書屋孩子的背景、書屋老師的愛心，以及在困境下還願意繼續支撐，非常感動地說：『怎麼會有這麼笨的人願意這麼做！』」

她將自己所看到、感受到的，寫成一份簡報，寄給十個朋友，又經過朋友們不斷轉發，孩子的書屋逐漸打響知名度，許多善心人士主動捐款。

為了兌現當初自己對孩子的承諾，陳俊朗立即將原本關閉的書屋陸續重新啟用。隨著書屋功能逐漸趨於完整、對孩子的照顧更加細膩，孩子的書屋文教基金會也在二〇一五年正式成立。陳俊朗說：「如果孩子們原本的家無法滿足吃飯、功課輔導等功能，身為第二個家的書屋都可以做到，並且能夠分享他們的喜怒哀樂。」

協助孩子重拾自信

平撫孩子身上的傷痕、提供課輔等照顧，陳俊朗仍覺得不夠，孩子的書屋團隊及老師，希望透過騎單車、獨木舟等活動，讓孩子找到成功的經驗。

他希望孩子們知道，人生並非僅以學業成績論成敗，台灣單車環島一圈後，「他們在學校就變成風雲人物，這個經驗對他們來說相當珍貴。」

陳俊朗說，除了課業輔導、以生活化的方式幫助孩子學習課業，書屋也投入很多時間培養孩子的興趣，從運動上取得成就，例如：單車環島、獨木舟挑戰、攀登中央山脈，以及舉辦定期音樂會，讓他們有機會上台表演，不僅展現自我，也能提升自信心。

二〇〇八年，單車環島啟動。

陳秋蓉說，一開始先讓愛運動的老師受訓，再讓老師針對孩子們集訓，並完成多次環島單車行，後來又陸續增加獨木舟等活動，老師們透過上課訓

二十年來，孩子的書屋照顧了兩千五百個孩子，讓他們好好吃飯、好好睡覺、好好遊戲、好好上學，好好長大。

練、取得證照，一步步帶著孩子們完成獨木舟活動。

到了二〇一九年，書屋又有新的目標，就是要挑戰帶孩子登山。而這麼多活動，主要是希望供孩子依照自己的興趣選擇。

面對未來，陳俊朗心想，有一天，自己也會老，該如何讓照顧孩子們這件事延續下去？除了原本的老夥伴與孩子的書屋基金會，陳俊朗的兩個兒子也分別投入基金會與黑孩子咖啡廳的管理。

他更希望，孩子的書屋曾經照顧過的孩子，長大後能回到書屋，慢慢接班，讓這個系統持續運行，他和老夥伴們也能慢慢退出、交棒。

說到此，陳俊朗開玩笑說：「想到這裡，還挺不習慣沒事做。」一顆心永遠都在孩子們身上，他希望當個永遠的「陳爸」。

意外比明天先到

二十年來，書屋已經累積照顧約兩千五百個孩子，成為孩子們生活中最大的依靠。

陳俊朗說，過程中會遇到很多狀況，孩子跟別人起衝突、受傷，他們的家長也會跑來責怪他，但「我知道我在做一件重要的事，」他形容自己帶著一群身心靈傷痕累累的孩子，「我在乎的是他們的傷口是否癒合。」無奈，意外總是比想像來得快。

陳俊朗陳爸、李承翰警員，謝謝您們的愛，愛這片土地。

二〇一九年七月五日，台北一〇一晚間以ＬＥＤ燈打出這段文字，感謝他們對台灣的奉獻。那天，陳俊朗疑似因心臟疾病過世，享年五十五歲。

懷抱著讓孩子能真正在社會上立足的理念，他與孩子的書屋走過二十年歲月。無論未來如何變化，那份愛，曾經真實存在。

當孩子的書屋逐步踏上軌道，積極關注偏鄉孩子時，陳爸意識到，他與當初一起耕耘的老師們，隨著年紀漸長，難免力有未逮；若要讓基金會能夠永續經營，無論誰來接手都能運作無礙，必須為基金會建立一套能夠系統化運作的機制，而在管理及運作細節，早已逐步規劃落實。

得力於陳爸的先見之明，在他過世後，基金會秉持讓孩子們獲得最佳照護的原則，一切如常運作，陳爸過往照顧孩子們的信念也得以永久延續。

2

陳秋蓉

在這裡，學習愛與被愛

陳俊朗決心照顧偏鄉孩子的行動力，感染了許多人，目前負責書屋管理的陳秋蓉，便是受到他的影響而投入。

原本住在台北的陳秋蓉，因為工作的關係，經常有機會前往台東，在朋友介紹下認識了陳俊朗。

那時，建和書屋已經成形，「陳爸做的事，讓我很感動，」陳秋蓉說，她曾看過一位個性較偏激，總是張牙舞爪、桀驁不馴的孩子，由於陳俊朗非常有耐心地教他彈吉他，經常與他互動，一點一點取得孩子的信任，讓他感受到被愛與關懷。

幾次之後，陳秋蓉發現，這孩子變得柔軟，和其他人講話的語氣也不同了，不再一不高興就嗆人。這在旁人看來或許僅是微不足道的改變，但對這孩子來說，卻是跨出很大一步。

沒想到，原本只是做為「局外人」的感動，由於職涯異變，演化為翻轉的契機。

聽見小女生喊她「媽媽」

陳秋蓉因為公司要轉往中國大陸發展，工作面臨異動；然而，當初的那份感動，還在她心頭縈繞。她心想，自己很擅長寫計畫，不如加入陳爸，一起為孩子們努力。

二〇〇八年年底，陳秋蓉搬到台東，投入孩子的書屋。她回憶，當時包括自己和陳爸、王計潘等五個人，在全員不支薪的情況下，一起分工合作照顧孩子。

這麼多年來，最讓陳秋蓉印象深刻的是，有位國小一年級的女生，因為母親出走、父親當船員較少回家，一直由祖母照顧；當女孩兒來到書屋，陳秋蓉總會抱著她，問她好不好。有一天，這個小女生竟然不經意喊她「媽媽」，陳秋蓉才發現，原來自己是被需要的。

「其他工作都不缺我一個人，但書屋的孩子真的很需要我！」陳秋蓉感動地說。

「我就像保母一樣，」陳秋蓉笑著形容自己。尤其有些孩子無處可去，書屋設法找到一處「學舍」，她便和幾位孩子住在一起，關懷孩子的生活起居，而忙起來的時候，較小的孩子還得跟著她進進出出。

社區裡的守望者

陳秋蓉說，書屋在社區中扮演的角色非常重要，例如：有些個案被認定為沒有立即危險，不符合安置條件，但可能家庭背景較複雜或需要緊急安置，這時書屋的學舍也能提供立即協助。

她談到，目前每間書屋常態編制至少一位老師、一位工讀生，每天負責孩子的課後輔導、帶他們寫作業等事務，提供孩子維持基本學力與用餐等協助。此外，為了讓孩子的學習更加多樣化，她也會媒合不同資源，例如：由成功大學學校團隊教授孩子程式語言，並安排書屋老師受訓。

然而，「我們做的這些，家長會因此改變對孩子的態度？我又能改變孩子多少？」跟著陳俊朗等人投入孩子的書屋，每天照顧孩子，總希望他們能

書屋的成立，讓孩子們放學後有了去處，在這裡念書、運動、學習，孩子們也逐漸找到「家」的感覺。

圖說西遊
圖說三國

變得更好，但陳秋蓉不免憂心，孩子們真的能因為大家的付出而改變嗎？

「那就是過程，」當陳秋蓉的無力感出現時，陳俊朗和夥伴們總是不斷鼓勵她，她也慢慢體會到，「在書屋要待得夠久，才能見證歷史。」

在愛與被愛中找回熱情

陳秋蓉想起有位國中三年級的男生，書屋老師安排他去打鼓，起初他表現得愛打不打，非常懶散，但老師沒有因此放棄，每天如同家人般噓寒問暖，像雙親般要他念書，休閒時帶著他和其他孩子玩樂、打鼓……

一開始，少年總是需要老師半哄半拉才願意參與，不曾想到，有一天，竟看到他主動練習，而且非常投入，用力打完之後雙手都在發抖。看到他開始願意全心投入一件事，所有老師都相當感動。

至少，是個好的開始。

「在書屋，不是我們單方面給予，孩子也給我們很多反饋，」陳秋蓉說，有位書屋的老師曾告訴她，來到書屋，讓她學習到愛人與被愛，不是每份工作都有這樣的機會。回頭看經歷過的一切，陳秋蓉充滿開心與感動。

3

阿潘老師

為孩子塑造平靜的第二個家

到台東已二十年的阿潘老師，當初因擔任社工而結識陳俊朗，又因理念相同，在二〇〇八年、二〇〇九年左右，與陳俊朗一起商討台東縣教育發展協會的運作、目標等問題，後來也成為南王書屋的負責老師。

那時，他才剛結婚半年，因為在書屋的工作尚未支薪，有陣子靠太太擔負起全家生計，一天只吃一條餅乾，而太太剛開始也不清楚王計潘在做什麼，一度對他在做的事情產生抗拒。

阿潘老師回憶，有次因為一個國小六年級女學生的家庭狀況，擔心她無處可去，暫時帶回自己家中安置。前前後後，他安置過五、六位學生，都是吸毒、逃學、家暴等個案，而他家裡原本就有一個女兒要照顧。

阿潘老師希望創造一個穩定的環境，撫慰書屋孩子的心。

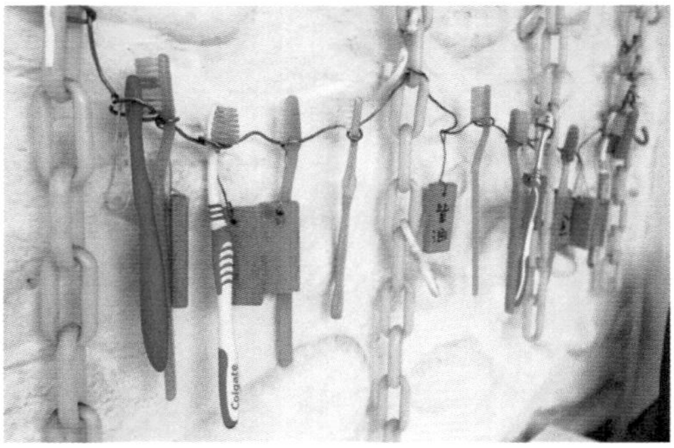

陶冶心靈、教導生活，書屋從各種不同面向，幫助孩子健康成長。

這段過程，女兒並不排斥，太太卻很反對，直到她逐漸看到孩子們因為被愛、受照顧，行為與情緒逐漸轉變，體會到孩子們確實需要一個遮風避雨且有愛的地方，深受感動的她也和王計潘一起投入，孩子的書屋成為夫妻倆共同的職志。

注入清水，還孩子一顆澄澈的心

談起書屋的意義，阿潘老師說，書屋的信念是成為孩子的家。就像一杯髒水，如果有人不斷往裡頭加入清水，時間久了，水會慢慢變得清澈澄亮。他相信，孩子們也是如此，而加入清水正是孩子的書屋在做的事情。

此外，身處偏鄉，許多孩子的家庭關係存在重大問題。阿潘老師提到，例如：家暴、父母離異，造成孩子對他人缺乏信任等種種情緒化表現，因此，書屋除了讓孩子們有一個讀書空間，以及放學後可以歇息的地方，也希望透過心理輔導修補孩子們的創傷，讓他們長大後，不論對人、對事都有正確的態度。

「孩子們需要的是，看得到你真正對他好，」阿潘老師說，很多機構或

孩子的書屋希望，透過單車環島的過程，鼓勵孩子挑戰自我極限，變得更有自信。

團體推動社福工作，可能是直接將錢撥給孩子的父母，但這些錢真的會用在孩子身上嗎？當父母親離鄉背井工作或離異，許多孩子的三餐便成問題，連生病也沒人帶他們去看醫生，而諸如此類的例子並不少見；更嚴重的事情是，當家中出現問題，例如：父親喝酒、家暴等，孩子們無處可躲。這些，都不是錢能解決的問題。

「家庭不穩定，對孩子影響很大，」阿潘老師回憶，他接觸過一個家庭的五個小孩，父親、母親各自再婚，孩子從台中的家被丟回台東老家，即使父親一直承諾，會再帶他們回台中團聚，孩子卻遲遲等不到這一天。

經歷家庭變動，孩子缺少安全感，學習也無法專心，而書屋存在的意義，便是創造一個穩定的環境、一個平靜的家，讓孩子情緒穩定。阿潘老師相信，這正是書屋的初衷。

他解釋，以吃飯為例，他直接找一間早餐店，告訴孩子可以到那裡吃早餐，他則固定每個月和早餐店結帳；此外，孩子家裡出現緊急問題，就立刻尋找緊急庇護所，將孩子帶離那樣的環境，「這才是孩子們真正需要的！」

阿潘老師相信，唯有給予孩子真正需要的事物與直接的愛，才有機會改變他們對人生和家庭的想法。這些，也是書屋老師持續在做的事。

4

馮彥翔

疏導心靈深處的不平衡

下午四點，馮彥翔和一位國小四年級男學生在心理諮商室裡，他們站在小型汽車軌道前，把玩著一輛輛小汽車。

「我爸爸從沒送過我汽車！」

「如果爸爸要送你禮物，你最想收到什麼樣的汽車？」

「警車好了，可以打擊壞人！」

諸如此類的問答，不僅是大人與孩子互動的小遊戲，更是馮彥翔透過遊戲過程，慢慢瞭解這位男學生為何經常出現暴躁情緒的方法。

談起為何會成為台東孩子的書屋常駐心理師，馮彥翔說，他一直希望有機會服務兒童，當時看到北醫大徵求到孩子的書屋服務的心理師，他便決定前往，期盼能貢獻所學。

將近一年與孩子們相處、觀察，馮彥翔發現，偏鄉存在單親、隔代教養等問題，影響孩子的心理。

他解釋，有些孩子，因為父母離婚，必須跟著母親生活，但母親忙於工作，孩子覺得得不到父母的重視，長期下來，便在心中累積了負面情緒與恨意，很容易討厭他人，原因可能是嫉妒別人所引起的心理狀態，總覺得「我什麼都沒有」而感到不平衡。

深入探訪，找出自己能做的事

三十歲的馮彥翔，在二〇一八年七月到達孩子的書屋，擔任常駐心理師。他年紀輕、未婚，容易和學生打成一片，近一年時間過去，與書屋老師們配合得相當好。

孩子對諮商的需求大，但是台東沒有兒童精神科醫師，幸好，北醫大願意投入資源，每當看到孩子們願意敞開心胸，便讓馮彥翔覺得自己的投入充滿價值。

為了更瞭解馮彥翔的工作情況與孩子的書屋的需求，李祖德在二〇一八年八月前往孩子的書屋，親自與陳俊朗、陳秋蓉、王計潘等人會談，並參訪青林書屋、黑孩子咖啡廳等地。

這樣的參訪，不是第一次。

李祖德曾多次訪問孩子的書屋，瞭解許多孩子的家庭屬於動態家庭結構，也就是父母親常態性不在家，對孩子的照顧或經濟狀況均不穩定。

聽著陳俊朗及書屋負責人訴說一個又一個孩子的遭遇，他知道，孩子們面臨不安穩的生活，出現被拋棄感，自暴自棄成為一種通病，極度不信任社會，甚至可能出現暴力傾向。

善用專業，做別人不能做的事

經過多次討論，李祖德得知，孩子的書屋非常需要心理師，協助疏導孩子們長期以來的心理不平衡等狀態。

他認為，專業的心理輔導，其他單位無法協助，卻是北醫的專業，因此著手招募人選：「我們做別人不能做的事，才有意義。」

李祖德要求，常駐心理師必須肩負三項重要任務：第一，是教導孩子的書屋的老師，成為心理輔導的種子老師；第二，是面對孩子，找出孩子的問

青林書屋是全台第一個申請到使用執照的鋼構土磚屋，用在地的土磚結合堅固的鋼構，打造一座護佑孩子的城堡。

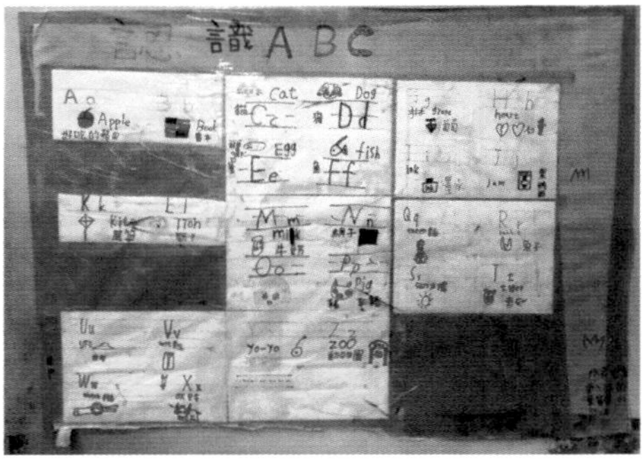

培養孩子具備自立的能力、機會與勇氣，是書屋堅持努力的方向。

題；第三，則是當發現孩子的問題已超出輔導範圍，要有警覺，立即往北醫後送。

「這個人選必須出自北醫體系，瞭解我們的文化與能力，而且常駐孩子的書屋，」李祖德說，孩子需要的是二十四小時、有任何問題都能找得到人，也就是一個讓他們信任且固定的人選。

設置常駐心理師

尋人的過程中，第一回合，北醫篩選出三至五位人選，再由陳俊朗與書屋的老師篩選，結果沒有人符合要求。不過，李祖德認為，謹慎挑選是件好事，否則，倉促找個人，到了現場才發現無法勝任，反倒破壞孩子的信任與期待。

經過重新篩選、討論，最後終於聘請到一位有經驗的女性心理諮商師。整個過程，花了快一年時間。可惜，一年多後，這位諮商師因為結婚而必須離開。

好不容易找到人，現在又得重新開始。好在，有了先前的經驗，北醫大再次找人變得更有效率了，在二〇一八年年初找到馮彥翔，成為孩子的書屋常駐心理師。

為了更瞭解孩子們的想法，馮彥翔先從建立關係開始。

貼近孩子內心深處

在馮彥翔的諮商室裡，擺滿了玩偶、小汽車、樂高等玩具，當他覺得孩子需要協助時，他會先和孩子講話、玩各種孩子喜歡的玩具，也會和孩子一起拿著玩偶玩扮家家酒，一個一個擺出家中成員，透過討論每個玩偶的個性等方式，瞭解孩子所處的情境。

有時，孩子會說：「爸爸喜歡罵小孩。」

馮彥翔一步步鼓勵孩子說出自己的苦惱，常常一玩就超過一個小時。不怕花時間，重點是讓孩子感覺被關心，他也進而瞭解並整理出孩子心裡的想法。例如：碰到一位可能遭受家暴的孩子時，如果聊天聊到家人的互動，他便會慢慢引導他說出心裡的難過。

馮彥翔曾接觸一位國小低年級男生，生長在單親家庭，因母親忙著工作、疏於照顧，久而久之出現極度不安全感，也不太喜歡與人互動，且有焦慮情緒。

內心的孤單、學習的無助……，很容易讓孩子失去興趣與自信，因此，關照並排解孩子的情緒問題，也是書屋的重要工作。

這個男孩個性退縮，不喜歡主動接近人，馮彥翔常利用下課時間和他聊天、玩汽車；取得信任後，試著讓他慢慢表達自己的感受；經過兩個月時間，雖然在與人接觸時還不夠大方自然，但至少焦慮感降低許多，班上老師也說他變得比以前活潑，對人不再冷淡。

透過遊戲觀察孩子變化

近來，馮彥翔也在孩子的書屋開設桌遊團體，邊玩邊瞭解每個孩子的人際互動模式。

「我就是很會玩這個桌遊，你們比不過的啦」、「誰說的、又還沒開始」……，一個國小五年級的男學生炫耀著自己的本事，卻引來其他孩子的不以為然。

馮彥翔說，這個小朋友喜歡炫耀，不管拿到什麼東西都會炫耀一番，很多孩子會因此攻擊他。

為什麼？事情背後，有什麼潛藏因素？透過桌遊，他發現問題所在，瞭解那位小朋友與其他孩子的相處情況，於是進一步與老師討論、分析孩子的狀況，再以個別諮商等方式，瞭解孩子的心理與他遭遇到的問題。

在孩子的書屋裡，馮彥翔每天的工作，除了陪伴、幫助孩子之外，也會安排分享課程，教書屋的老師發掘小朋友的細微情緒變化，在第一時間給予孩子協助。

確定需求，正確給予

資源相對貧乏的地區，更需要心理師、社工師的投入。台東孩子的書屋是北醫大投入社會公益計畫中的一項，李祖德回憶，二〇一三年時，北醫大已經將幾項公益計畫列入評估，而在李祖德與陳俊朗接觸後，選擇了孩子的書屋。

二〇一五年，北醫體系啟動「孩子的書屋公益服務計畫」，三家附屬醫院出動逾二十人，包括：北醫附設醫院精神科、社工室，萬芳醫院護理部、營養室、藥劑部，以及雙和醫院社區醫學部與小兒科等單位，期望以北醫體系的專業醫療與知識，提供當地弱勢孩童協助。

李祖德要求，派駐的心理師必須每年回到北醫體系，與三家醫院的精神科醫師、志工等開會報告；醫院方面，每年也要派人到書屋瞭解狀況。透過雙向溝通，才能發掘問題，提供解決方案。

書屋的師長在日常互動中與孩子建立互信，進而真正瞭解孩子需要的是什麼。

「確定他們需要什麼、才能正確給予，」李祖德與陳俊朗溝通後，陳俊朗也告訴他，書屋老師們除了每天照顧孩子的課業，更希望能幫受傷的孩子擺脫心中陰影。

把愛送到最需要的地方

助人，要提供對方需要的幫助。李祖德認為，建立有溫度且被老師及孩子們信任的平台，是達成目標的第一步，因為唯有得到信任，才能讓孩子開口講出內心話，然後往下解決問題。

「北醫投入公益是很有系統的，不只是『放煙火』，」李祖德期許馮彥翔，能扮演北醫在孩子的書屋的平台，瞭解孩子們需要什麼，當孩子無助時可以訴苦求救。

看到一年來馮彥翔對孩子的細心付出，李祖德也期許馮彥翔，能以「台灣兒少心理的史懷哲」為目標，協助當地兒少走出家庭陰霾。而有了北醫大的拋磚引玉，馮彥翔也期盼，未來有更多企業願意投入，耕耘關懷孩童心理的領域。

5

貢丸
缺失的一角，找到圓滿

一家速食業者與孩子的書屋合作，在台東市區展店，週末假日，店內客人來來去去，而忙著幫客人點餐的，是二十二歲的「貢丸」，也是曾在南王書屋度過美好時光的孩子。

阿潘老師看著貢丸的成長，尤其現今能夠踏入職場獨當一面，心裡滿是欣慰。

找回自信

貢丸，在小學六年級時進到南王書屋。她的父親在一場車禍意外中過世，當時在台中工作的母親，曾接她一起生活，但從小在台東長大的她，反倒和祖母較為親近。後來，她一方面不適應台中的生活，一方面放不下祖母，決定回到台東，和祖母住在一起。

祖母對於貢丸的管教雖然嚴格，但學業上，只能靠貢丸自己，因此，放學後，貢丸每天和同學一起到書屋寫作業、看書。

貢丸說，因為自己的英文一直學不好，愈來愈沒有信心，去到書屋後，阿潘老師每天要求她背單字，並從生活上能用到的英文，引起他們的興趣，再一個一個單字教，慢慢累積成為一個句子。後來，考試成績進步了，她也更有自信心。

彌補愛的缺憾

除了學業之外，貢丸最在乎的是，在書屋裡「彌補了愛的缺憾」。

「上國中時，很想要一台筆電，某天，阿潘老師竟然拿了一台二手電腦給我，」從小失去父親的她說，「每次我需要什麼，他總會想辦法滿足或關心我的問題。」

甚至，阿潘老師還認她為乾女兒，讓她覺得就像父親在身邊一樣，再加上書屋裡的孩子也會互相幫忙與關心，如同家人一般，親情的空白也變得充

南王書屋彌補了愛的缺憾，讓孩子對未來更有自信。

實了。

在工作中激發學習的渴望

高職畢業後，貢丸原本在台東一家飲料店工作，後來孩子的書屋與知名速食連鎖業者共同打造一間台東公益店，王計潘立即推薦她到店內工作。

貢丸說，「老師這樣做，除了是希望書屋的孩子有機會回歸書屋相關單位，最大的原因是，知名連鎖企業通常福利較好、能參加培訓，並到外縣市受訓，提升自己的能力，以及未來有機會朝著當店長的方向努力。」

有了連鎖企業的工作經驗，貢丸產生進修的念頭。原本學習家政的她，希望未來再升學念企業管理，更接近目前工作的需求。

貢丸說，每年過年，都會在除夕前先和書屋的所有人團圓，就像回娘家一般，「以前總覺得就算自己跌倒了也沒人管，但是，遇到了書屋的老師們，我覺得很幸福。」

就是這份愛的感受，貢丸心裡原本缺了一角的失落，重新圓滿。

第二部

尋回失落的文明

——那瑪夏卡那卡那富族

自立，是守護家鄉唯一的路。
那瑪夏卡那卡那富族的婦女，
以傳統文化開闢通往未來的路。

1 重建，從自給自足開始

小米播種的時候，你，有沒有聽到風中傳來的聲音？

二〇〇九年八月八日，一場風災重創南台灣，高雄縣甲仙鄉小林村慘遭滅村，更上游的那瑪夏鄉也沒逃過劫難。

突如其來的土石淹沒了南沙魯部落一至三鄰房舍，二十五人慘遭活埋，剎那間美麗山林變成人間煉獄。

隨之而來的溪水暴漲，導致路基沖毀流失，台二十九線柔腸寸斷，那瑪夏對外交通中斷，形同孤島。

幾天豪雨過後，風雨漸歇，為求安全起見，政府開始勸導世居達卡努瓦部落的卡那卡那富族族人下山避難。

「這是我們賴以維生的家園，我們一輩子的依靠，怎麼能說撤就撤？」聽到要被迫遠離祖先辛苦開墾打造的家園，阿布娪（Kaaviana Apuu）和一群部落婦女哭紅著眼說。

如果政府真要把族人趕下山，她們也豁出去了，每個人各自在養雞的菜園裡找一棵大樹，用鐵鏈把手腳綑在樹幹上，說什麼也不下山，決心和這塊土地共存亡！

阿布娪是高雄市原住民婦女永續發展協會的督導，同時負責至善社會福利基金會那瑪夏工作站的日常運作。八八風災後，那瑪夏沒水沒電，又被列為土石流潛在危險區，大多數居民都被暫時安置在高雄燕巢的仁美營區，她則和少數人堅守家園，不願撤離。

守護的勇氣

年過半百的阿布娪，從小就在這個依山傍水宛若世外桃源的部落長大，對故鄉有著難以割捨的依戀。

可是，不走，說得簡單。

萬一再有颱風、豪雨來襲，溪水暴漲，或是土石流從山上狂洩而下，居

住在山腳下或河床邊的族人，如何安身保命？一旦對外聯絡道路中斷，大家如何填飽肚子？

這些問題，一一衝擊著阿布婄。

不過，當時的她，沒想太多，一心一意認定，只要站在祖先留下來的土地上，縱使風雨再大，填飽肚子也絕對沒問題，因為部落婦女總有辦法種出各種作物蔬果。

「這是『usu u,ru』給我的勇氣！」阿布婄說，usu u,ru是卡那卡那富族族語，指的是「女人的田地」。

自給自足才有未來

二〇一九年八月中旬，受利奇馬颱風外圍環流影響，連續下了好幾天豪大雨，台二十九線靠近錫安山的道路被土石淹沒，那瑪夏對外交通中斷，再度成為孤島。

看著外頭滂沱大雨下個不停，大家難免擔心害怕，幾戶人家趁著雨勢較小的空檔，急忙趕到部落「願景屋」二樓避難。

二十幾個人聚在一起，大人有一搭沒一搭地閒聊，一群精力無限的小

原住民族敬法自然，也在自然中找到生機。

毛頭在幾個房間來回奔跑嘻笑；倘若有誰肚子餓了，就到一樓的廚房張羅吃食，暫時將大雨帶來的憂慮拋到九霄雲外。

這番景象，讓阿布娪想起多年前的某個大雨天，一群老人家圍坐在茅草和鐵皮簡單搭蓋的舊願景屋土灶前，邊燒柴取暖，邊望著屋外的滿園翠綠，「阿布娪，妳們外面可以整理成usu u,ru呀！」不經意的一句話，觸動了她遙遠的記憶。

復育田地，保障糧食來源

部落裡的老人家總說，以前，卡那卡那富族每戶人家住屋旁都有一塊地，面積不大，卻種滿各式各樣的農作物。那塊地，就是usu u,ru，完全由女人耕種。

卡那卡那富族的傳統，男人負責上山打獵，女人負責掌理家事。每當男人打獵回家，女人便會準備一桌豐盛菜餚，供男人盡情享用。

如同阿布娪所說：「土地給我們什麼，我們就吃什麼！」秉持這樣的概念，不僅可以自給自足，那瑪夏達卡努瓦部落在風災過後設立「大地廚房」，也是採取相同方式運作。

阿布娪說，面對極端氣候不確定的未來，找尋在地自主永續的生存方式，已成為無可迴避的重要課題，而「女人的田地」，就是老祖宗留下來的解決之道。

她回想起早年和外婆一起生活的日子，當時達卡努瓦部落被列為甲種山地管制區，對外交通不便，食物大多仰賴部落在地自主。

阿布娪記得，外婆很會栽種好吃的農作物，tammikaru（木薯）、tanuku（芋頭）、tammi（地瓜）、tangtang（南瓜）、viaru（玉米）、nivanga（香蕉）……，全都可在外婆的 usu u,ru 裡看見。

種植小米，凝聚族人的心

在諸多作物中，小米，是凝聚族人向心力的最佳選擇。

「小米是早期許多原住民部落的主食，從播種、除草、驅鳥到收穫，蘊藏了豐富的飲食文化和祭儀規矩，」阿布娪解釋。

歲月荏苒，隨著交通便利與資訊普及，加上購物相當方便，白飯、麵食，甚至西點麵包，逐漸取代小米，成為原住民部落的日常三餐主食，那些文化與祭儀一點一滴慢慢消失不見，原住民族從此失去了歷史根源。

「女人的田地」是由卡那卡那富族婦女共同復育的空間。

不忍卡那卡那富族在歷史洪流中灰飛煙滅，重新找回傳統文化、找回自己的根，就成了莫拉克風災過後，阿布娪和一群部落婦女堅持要把小米重新種回來的神聖使命。

只是，老祖宗的法寶，也曾讓人難以忍受。

挑戰：逼瘋人的雜草叢生

「剛回部落那一陣子，曾經壓力大到想自殺，」Usu（翁雪貞）透露。二十年前，為了討生活，她離開家鄉，後來再度回到部落，與阿布娪、江梅英（Savo）、詹怡玲（Ipu）是一路走過來的工作夥伴。

「工作站推行自然農法，不施化學肥料，也不噴灑農藥，導致雜草叢生，我得一根一根拔除，往往才拔完這邊，另一邊的雜草又冒了出來，拔的速度遠遠趕不上長的速度，」她說，自己真的好洩氣。

這種每天一成不變、繞來繞去找不到出口的工作，Usu煩透了，經常邊做邊哭。所幸，她很快從挫折中汲取經驗，逐漸掌握雜草的特性和生長週期，在雜草生長飛快的夏季，先割草、再鬆土，一一擺平難纏的雜草。

在Usu悉心照料下，工作站後面那塊「女人的田地」，依不同季節，種植了小米、皇宮菜、高麗菜、鳳紅菜、包心菜、地瓜菜、芥菜、芋頭、木薯、玉米、山地豆、絲瓜、刺蔥、月桃、甘蔗、香蕉、薑、鬱金等蔬菜。

其中，芋頭最讓Usu津津樂道，因為黃心芋頭是卡那卡那富族的傳統作物，大家原以為絕種失傳了，沒想到竟在一位耆老的菜園裡意外發現，她和阿布婼等幾個部落婦女趕緊移植過來，細心復育。

無奈：想留人卻經費不足

除了休假日，Usu都是一早上工，照料一大群雞和那片種了各類作物的「女人的田地」；當有外地遊客到部落參訪，她搖身一變成為廚師，在「大地廚房」掌廚，沒有大魚大肉，也沒有固定菜單，只用當季的在地食材，燒一桌傳統菜餚，款待訪客。

看著Usu找回好心情，天天帶著笑容上工，阿布婼感到無比欣慰。她深信，在工作難找、資源嚴重不足的山地部落，只要多留住一個婦女，就多留住一個家。

可惜，好景不常，受限於經費不足，阿布婼無法同時聘雇多位部落婦女在「大地廚房」全職工作，迫不得已忍痛縮小經營規模，在欠缺人手的假日

要想長久留在部落，就必須面對天災造成連外道路與通訊中斷的挑戰。卡那卡那富族婦女以傳統農耕方式種植作物，保障了食物來源，也保留了部落的傳統文化。

找她們回來幫忙，導致這些部落婦女收入減少且不穩定。

Usu因有生活壓力，選擇離開「大地廚房」，暫時到農家打工，協助種植及採收龍鬚菜。

養雞孵蛋，補充身體營養

為了自給自足，除了栽種農作物，部落婦女們還「加碼」養雞，做為蛋白質等營養的來源。

緊貼usu u.ru的是「祕密雞地」，阿布娪說，災後，她們決定養雞來補充老人及小孩的營養。

然而，問題來了：母雞生下的蛋，要如何孵成小雞？

「連這個也不會？哪天我們都走了，看妳們怎麼辦！」部落裡的老人家當場斥責她們。

阿布娪和幾位部落婦女當場羞紅了臉，痛定思痛，她們央求部落老人家不時前來指導，終於學會怎麼孵蛋。

「祕密雞地」規模最盛時，養了近一百隻雞，除了成為國小學童戶外教學的熱門場地，部落老人家更常來巡視，看著一隻隻「頭好壯壯」的雞在園子裡漫步啄食，才心滿意足地滿臉含笑回家。

食物來源有了，卡那卡那富族婦女只要試著在To´ona Tamu和長者學習烹調方式，找回部落食物的原始記憶，生存也就有了保障。

回歸傳統，看見希望

To´ona Tamu，指的是「有老人在的地方」，顧名思義是老人聚集的場所，又可稱為「耆老智慧屋」；它的建築形制以粗壯木幹為柱，覆蓋茅草編織的屋頂，石板鋪成的地板則會擺上一張木床和幾張椅子，簡單又通風。

二〇〇九年八月八日，莫拉克風災當天，從山上狂瀉而下的土石流，帶走二十幾條人命。慘痛的經驗，讓部落族人這些年來聞風雨色變，不管白天或夜晚，只要下起滂沱大雨，部落老人家就會急忙趕到To´ona Tamu聚會。

到了To´ona Tamu，在土灶前點起火聊天，映照著酡紅的熊熊火光，以及柴火散發的陣陣暖流，暫時除去心中的恐懼與不安，直到雨勢變小或天光亮了才各自回家。

四周沒有外牆，一眼就能望穿，對外地人來說，To´ona Tamu「簡陋」至極；但是對卡那卡那富族族人來說，它是一個舒適、讓人放鬆心情的空間。

經過幾年努力，「女人的田地」、「祕密雞地」、「耆老智慧屋」組成「大地廚房」，在地備災的願景窯形成「深山裡的麵包店」，部落裡的婦女、孩童、長者有了學習烘焙技藝的場域，也有了維繫生計的能力。

不分男女老幼，隨時都可以在那兒討論部落裡的公共事務，或是聊聊生活瑣事，也可以一起勞動、分享食物。

在天南地北閒聊之中，往往能擦出一些火花，千百年來祖先留傳的智慧，就這樣自然而然保存下來。

聽見小米在風中歡唱

「老人家是我們的寶！」如今的卡那卡那富族只剩五百多人，眼看長者凋零，文化傳承面臨極大危機，阿布娪趕緊在工作站推出「Tamu的餐」。

Tamu的意思是「長老」，地瓜糯米飯、樹豆排骨湯等卡那卡那富族傳統菜餚，就在部落長老指導與部落婦女的巧手烹調下上桌，讓外地遊客品嘗別具特色的原住民風味餐。

阿布娪說，透過「Tamu的餐」，既可讓族人學到耆老的智慧，這些老人家也藉由收取食材費獲得些許收入。

每年螢火蟲滿山飛舞及水蜜桃盛產等觀光季節，她便會不定期請部落老人帶來自家食材，一邊烹煮一邊解說食材來源及文化意涵，進而傳承部落傳統飲食文化。

回首前塵，阿布婄這幾年的努力，儘管成果還屬有限，族人回家的路依舊迢遠，但因為她們的付出，部落裡的向心力正逐漸凝聚。

當初播下的小米種子，一顆顆、一粒粒，開始在風中對話，傾訴著部落文化何以傳承，撫慰長老們眼見家園破碎的創傷，撫平族人們被迫遠離家園的無奈……，一點點、一片片，築起回家的路。

部落生活的重建，是與土地共生，
就像阿布婄說的：「土地給我們什麼，我們就吃什麼！」

2

深山裡的麵包店

建立有部落特色的地方產業

二〇一三年，達卡努瓦部落蓋出一座願景窯，這時距離莫拉克風災已經過了四個年頭，但大家的心情依舊還是聞風雨而色變，這個願景窯主要便是用來備災，因為災後整個大地環境還不穩定，汛期一來她們還是可能被趕下山，造成生活上的不便。

因此，阿布娪念茲在茲兩件事：一是備妥汛期的食物，另一則是教會部落婦女和國中生手工技藝——前者是填飽肚子，後者是培養一技之長，缺一不可。

江梅英，阿布娪的大姊，她回憶，「當初阿布娪說要蓋一座燒窯，我還一頭霧水，因為大家都在忙重建，根本沒有心思想其他事。」

後來，她終於知道，阿布娪的想法是，有了願景窯，才能長期奮戰，萬一哪天再有風雨來襲，斷水斷電，甚至對外交通中斷，大家至少還可撿拾柴火，起火烤吐司和麵包吃。

最終，願景窯蓋好了，但如何把麵包和吐司烤出來，是一門大學問。

這個重責大任，阿布娪交給江梅英，而高雄市莎士比亞烘焙坊創辦人、台北昂舒巴黎麵包坊歐式麵包主廚吳克己，恰好也在此時走進部落，成為她們的貴人。

貴人相助，解決關鍵難題

回想那段過往，阿布娪有著滿滿的回憶。

「他是個相當低調的人，」阿布娪說，吳克己首次進到達卡努瓦部落時，一直擔心他的出現會打擾到部落的人，造成大家更多困擾，直到她們一再保證，他的到來不會打擾部落生活，他才放下心來。

吳克己坦承，「我是個烘焙師傅，唯一會做的是吐司和麵包，前往部落的目的是陪伴和協助，而不是干擾。」為此，他每次都是自己開車進入達卡努瓦部落，所有食宿也都自己打理，盡可能不增加部落的負擔。

八八風災過後，阿布娪體認到，只要農地不荒廢，就能保障族人飲食與收入，形成穩定循環的力量，家庭與部落也才能安定。

然而，對阿布娪來說，吳克己願意走進那瑪夏，是件不可多得的大事！從兩人初次會面後，無論工作多忙，只要擠得出一點點時間，吳克己都會專程開車南下，走進部落，教江梅英和幾個部落婦女怎麼做吐司和麵包。

一雙手，蓋出一族人的希望

阿布娪、吳克己，兩人原本素不相識，是朋友得知她為了汛期備糧，以及如何讓部落婦女和青少年學習一技之長而煩惱不已，才介紹吳克己和她認識，兩人因此有了第一次接觸。

進入部落，也讓吳克己有著截然不同的體驗。自己蓋燒窯，就是有生以來頭一回。

吳克己記得，二〇一三年夏天，他和多位部落婦女一起，徒手將一塊塊磚頭砌成燒窯，接著把水泥和田裡拔來的雜草混在一起，敷抹在燒窯外壁，最後再連續燒了三天三夜的柴火，蒸乾燒窯的水氣，才大功告成。

那座願景窯位在To`ona Tamu的一個角落，長、寬各一公尺多，高度大約到成人的腰部，小小的，一旁就是「大地廚房」。那是個沒有外牆的開放空間，燒柴生火烤麵包或吐司時，灰白色煙霧就從煙囪往外飄散，消失在無邊無際的山谷裡。

第二個吳克己不曾有過的體驗，是他頭一次感到，自己和食材竟然如此接近。

食材就在身邊

在大城市裡，吳克己不是走進市場採買食材，就是廠商把裝在各式包裝袋裡的食材送到他的店裡，終究有些隔閡；到了那瑪夏，所有食材就長在屋旁的田裡，一摘就有，新鮮又方便。

使用在地食材烤出來的麵包，會是什麼樣子？吳克己又有了第三項人生初體驗。

一切準備就緒，眼看著柴火在燒窯裡霹哩啪啦響個不停，吳克己就像個小學生，滿心期待，很想早點知道用部落婦女栽種食材所烤出來的第一個麵包，到底會是什麼模樣，口味又如何。

他記得，江梅英第一次做的是鹹豬肉法式麵包，雖然有點醜，但口味還可以，超乎他的預期，當下激動不已，因為他知道，山上沒什麼烘焙物資，江梅英她們那群部落婦女又都是第一次做烘焙，完全沒有經驗，能烤出還算

海拔八百公尺高的地方，有一間「深山裡的麵包店」，以及一群為部落尊嚴與重生努力的婦女。

可以的麵包，已經相當不簡單。

摸索：從零到一的距離

在吳克己協助下，二〇一三年秋天，阿布娟和江梅英等部落婦女，開始揉麵、醱酵、烘焙麵包和吐司。不過，貴人駕到，卻還有一段插曲。

當阿布娟提到，要請一位麵包師傅上山教大家烘焙技巧，江梅英心想：「小事一件，等人來了再說！」沒想到，第一眼看到吳克己，她嚇了一跳，「哇！怎麼來了一個這麼年輕、這麼英俊的帥哥！」

後來，江梅英跟著吳克己學習如何做吐司及麵包，但，問題又來了。

「妳做過麵包嗎？」一道純屬好奇卻很犀利的問題直擊江梅英。

「呵呵！從來沒有，」江梅英笑得有點心虛。

「我一直在甲仙鄉農會設在那瑪夏的辦事處工作，當個最基層的辦事員，」她雙手一攤，「光是日常庶務就夠我忙的，哪有時間做麵包？」她說，「做麵包這件事，我想也沒想過，完全是從零到有，一路摸索過來的。」

對江梅英來說，做麵包是種學習，但對吳克己而言，又何嘗不是？

「第一次到那瑪夏山上，放眼望去，看到各種農作物都覺得新鮮，比如

透過「深山裡的麵包店」活絡部落經濟，
江梅英希望讓想做事的人都找到可以做的事。

族人一起學做麵包，不僅是一種營生的選擇，也能留在部落，實現自給自足的夢想。

以前拿來做吐司麵包的薑黃都是粉末狀，到了山上，才頭一次看到它整株長在土裡的樣子，」長期生活在都市地區的吳克己當場大開眼界，笑著說，「就農作物來講，她們絕對是我的老師！」

震驚：麵包又硬又難吃

第一次上課，吳克己教做的是法式麵包，但江梅英卻惆悵滿腹。

「我都這把年紀了，還要學著秤麵粉的重量、計算水的多寡，接著還要不斷用力揉麵糰，」江梅英嘆了口氣，「才揉沒幾下，就腰痠背痛了。」

更讓她洩氣的是，平常吃慣了濕濕軟軟的日式麵包或台式麵包，咬下去硬邦邦的法式麵包，那一剎那，她簡直快哭了，「怎麼這麼硬，又這麼難吃呀！」

後來，江梅英觀察發現，一般人都習慣吃又甜又軟的麵包，但吃多了對健康不好，而吳克己教她們做的法式麵包雖然偏硬，卻較有健康概念。只是，在那個當下，她的潛意識總是抗拒。

心不甘、情不願的情況下，她學得不是很起勁，往往吳克己前腳才離開那瑪夏，她就把做麵包這件事拋到九霄雲外，直到下次上課才又心虛地重新學起。有一搭沒一搭的，麵包做不好，有些食材也因為放太久而壞掉。

或許是捨不得食材白白浪費，或許是想到吳克己三不五時就大老遠從台北專程南下，只為了教她們做麵包，江梅英終究覺得過意不去，荒廢半年後，開始認真思考做麵包這件事。

這段心路歷程的轉折，吳克己事後得知，覺得再正常不過。「沒什麼好計較的，」他認為，「只要可以把吐司和麵包做出來就好了。」

從烤焦麵包到賣相漸佳

只不過，學做麵包是一回事，自己親手做麵包又是另一回事；再加上顧景窯燒的是柴火，溫度不易控制，更增加烘焙麵包的難度。

江梅英記得，剛開始做麵包時，烘焙出來的麵包品質不一，不是烤得太焦，就是沒有完全烤透，有些甚至是一邊烤焦，另一邊卻還沒烤熟，就像個麵包界的「黑白郎君」，失敗率不低。

看著一個個失敗作品，心情之苦悶可想而知。基於惜食，那一陣子她們常把賣相不佳的麵包吞下肚，圓了臉，也肥了肚子。

還好，她天生喜歡吃麵包，多吃些不好意思賣給人家的瑕疵麵包，除了

為了烘焙出新鮮可口的麵包，往往一早便要升起柴火預熱，等著將食材送入窯中。

以窯烤方式製作麵包，在享用現代化飲食的同時，也保留了傳統文化。

擔心身材走樣外，其餘還好。

失敗幾次後，江梅英對柴火的掌控逐漸上手，憑經驗就可約略知道燒窯內的溫度高低及烘焙程度，賣相不佳的失敗產品也愈來愈少。

開發特色商品

取名願景窯，無非是寄望這個窯能帶給她們希望，自立自強走出風災帶來的困境。而阿布娪和江梅英也不辜負這個名字，她們從在地食材中尋覓，發想出有在地特色的烘焙產品。

比如說，倍受好評的蔗糖吐司，就採用鄰近茶山部落古法熬製的蔗糖；薑黃醃肉吐司所用的醃肉，則是採用新竹尖石後山泰雅族朋友教她們做的生醃山豬肉，向來是部落裡的超級美食，風味極佳，很多人一吃成主顧，愛不釋手。

剛開始，她們每週二及週五開窯，除了蔗糖吐司及薑黃醃肉吐司外，還依當季食材推出南瓜吐司、紅肉李吐司、桑椹吐司、紅藜吐司、薑糖吐司，以及米樂吐司。

說到米樂吐司，江梅英眼睛整個亮了起來，「米樂是用小米釀製而成，很像外面賣的酒釀，但風味更棒，」她得意地說，米樂的甜美滋味，讓她找回關於外婆的記憶，而吐司的風味，連吳克己都讚不絕口。

就地取材，活絡部落經濟

為了做出市場區隔，江梅英並不貪心，只推出幾樣有地方特色的產品，而且堅持採用部落生產的食材，比如龍鬚菜、南瓜，都是其他地方吃不到的口味。

莫拉克風災重創那瑪夏，楠梓仙溪兩岸的農作物幾乎全被大水沖走，一年四季都可收成的龍鬚菜，近幾年開始在那瑪夏栽種，短短幾年便成為新興作物，無論河床邊，或是從甲仙通往那瑪夏的台二十九線道路兩旁，種得滿滿都是。

然而，一窩蜂搶種下來，價格崩跌，江梅英一心想幫助這些農民，同時又想推出較具地方特色的產品，就和吳克己一起研發龍鬚菜乳酪吐司和龍鬚菜貝果。

這兩項產品都很少在一般麵包店看到，主要是龍鬚菜大多用來入菜，很少開發成其他商品。沒想到，竟然一炮而紅，成了搶手貨。

食材是甜甜圈美味誘人的關鍵，江梅英採用部落生產的酵素雞蛋製作，格外可口。

採摘玫瑰花瓣時，江梅英往往會另外剪一束玫瑰花，擺放在「大地廚房」通風處，若有人上山採買，現場就能聞到玫瑰花的天然香味。

食材在地化，其他配套措施也同樣呼應地方特色，無形中又活絡了部落經濟。

龍眼木，質地堅硬，柴火穩定而持久，向來是窯烤的最佳選擇。

在那瑪夏，龍眼樹不多，梅樹倒是滿山遍野都是，每年一到修剪枝幹的季節，阿布娪和江梅英兩姊妹就向農家購買疏伐下來的梅樹枝幹，備妥一年的量。

開放網購，拓展銷售通路

為了打響名號，阿布娪與江梅英姊妹倆開設「深山裡的麵包店」，採預購制，網路下單後，顧客可選擇宅配或是開車上山自取。

她們和宅配業者合作，中午前寄出，隔天就可收到；而為了保持新鮮，無論吐司、麵包或貝果，都是做好後急速冷凍，全程低溫直送，貨到付款，只要回溫或再烤一下即可享用。

儘管食材來源不缺，但江梅英始終堅持健康無價，她和部落婦女仔細觀察每戶農家的栽種方式，努力找尋不施用農藥的農家做為合作對象，做成無毒龍鬚菜麵包，再擴大到吐司。

就因為這個堅持，標榜有機無農藥的龍鬚菜麵包和吐司成為「深山裡的麵包店」的招牌產品，若不事先預訂，很難買得到。

兼顧健康與美味

成功打響名號後，江梅英和幾位一起工作的部落婦女決定增加品項，吐司和麵包之外，還陸續加了甜甜圈、貝果和蛋糕這幾個生力軍。

這時，網路預訂已經難以滿足消費者渴望的心，來自高雄、台南的慕名者，甚至不惜花費至少兩小時，開車上山採買——來回一趟就耗掉半天時間，不難想像這些粉絲的熱情。

唯一沒有上網銷售的例外，是甜甜圈。

「深山裡的麵包店」不開放甜甜圈網購，只限定在部落享用，因為，油炸食品不宜久放或長途宅配販售，必須現炸並當場享用，才會酥脆好吃。不過，要做甜甜圈時，她們往往會上網通告，或透過部落裡的廣播系統大力「放送」，提醒大家又有可口的甜甜圈可吃了！

「我們家的甜甜圈已經吃到第三代，」江梅英頗得意地說，從她先生的學生、她先生的學生的孩子、她自己的孩子到她那才兩歲多的孫子，「全都

「深山裡的麵包店」堅持採用有機無農藥的食材，吃起來美味又健康。

玫瑰花醬並非天天有，通常是有人訂購後才製作，以確保新鮮。

是吃我做的甜甜圈長大的！」對部落很多人來說，這是家鄉記憶的味道。

江梅英認為，甜甜圈好吃的關鍵在食材，像她用的是部落自己生產的酵素雞蛋，特別香醇濃郁，做出來的甜甜圈才會那麼好吃。特別的是，基於健康考量，糖粉另外包裝，由消費者自行決定要不要灑在甜甜圈上。

風中傳來的芬芳

經過這些年的經營，「深山裡的麵包店」打造出四大主力產品：玫瑰貝果、龍鬚菜乳酪貝果、甜甜圈、玫瑰花醬，其中又以玫瑰貝果最具特色。

江梅英表示，食用玫瑰種在她們自己家的農地，完全不噴灑農藥，現採現做，吃起來香氣迷人，倍受消費者青睞。

採摘玫瑰花瓣時，她通常會另外剪一束玫瑰花，擺放在「大地廚房」通風處，若有人開車上山購買玫瑰貝果，就請他們聞一聞，讓他們知道貝果傳來的是玫瑰花的天然香味，跟香精的味道不能相提並論。

「這是我們自己也要吃的貝果，當然要以健康為優先考量，」江梅英認真地說，她和家人可不想早早就生病！

至於玫瑰花醬，並非天天有，通常是有人訂購後才製作，以確保新鮮。

江梅英先以蘋果熬製成果膠，再放入滿滿的玫瑰花瓣。相較下，坊間販售的玫瑰花醬幾乎整瓶都是果膠，玫瑰花瓣僅放入少少幾片，妝點一下而已。

凝聚安定的力量

一步步的努力，卡那卡那富族族人的生活與部落更加緊密相連。詹怡玲自己，就是最明顯的例子。

她的第三個孩子Pau，在莫拉克風災後兩個月出生，跟著她在平地流浪一陣子後，回到部落，整天跟著她在小米田工作，大家都暱稱他「小米田寶寶」；願景窯蓋好時，老四Nau這個小女兒剛出生沒多久，她就揹著Nau和大家一起做麵包，因此Nau又被叫「烤麵包妹妹」。

願景窯蓋好後，阿布娪她們更進一步，推出待用麵包計畫，送麵包給部落居民或行動不便的老人家，順便探望他們，看看生活上有沒有什麼問題，有無需要協助的地方。

不久，她們更擴大服務範圍，一大早就送熱騰騰的吐司和麵包到民生國小，不讓那群成長中的孩子空著肚子上課。

經過三年多的辛苦付出，終於得到回饋。

過去，不乏有人冷言冷語。

「她們拿了政府的補助，沒什麼了不起的！」

「就只是一群女人，還能搞出什麼名堂？」

「沒有男人的支持，她們做不久的！」

現在，儘管還是有人持續用懷疑的眼光看待她們，但人數明顯減少，有些人甚至會主動關心。

「何時有剛出爐的吐司麵包可買？」

「甜甜圈哪時候炸好？」

不經意的一句話，常讓她們倍感溫暖，覺得這些年來的堅持與努力終於有了回應。

詹怡玲說，經營「深山裡的麵包店」，無非是要提供部落婦女安定的就業環境，只要一個婦女有了工作，一個家庭就穩定了。這一點，也是那瑪夏得以重生的關鍵。

3

部落願景屋

庇護夢想與尊嚴

二〇〇三年，阿布娪和幾個志同道合的部落婦女，創設高雄市原住民婦女永續發展協會。她們在達卡努瓦部落設置據點，除了讓部落婦女學習一技之長，也提供她們一個臨時庇護的場域。正因如此，這個據點還有另一個名字，叫做「女窩」。

莫拉克風災後，至善社會福利基金會在那瑪夏的達卡努瓦部落成立工作站，協助卡那卡那富族族人找回傳統農耕方法，從事小農耕作，同時開設「大地廚房」，接待來訪的外地客。

如此一來，不僅可以讓外地客更加瞭解卡那卡那富族的人文歷史及傳承，也可以活絡地方產業，為部落注入更多活水。甚至，還有另一層深義，就是要為部落婦女找尋出路。

遠走他鄉的無奈

莫拉克風災肆虐之後的幾年，那瑪夏居民都得仰賴臨時便道出入，若有時豪大雨來襲，辛苦種植的農作物與水果，難以運送下山販賣，打拚一整年的心血往往因此付諸流水。

生存不易，世代居住在那瑪夏的原住民，被迫離鄉背井，前往遠方異地工作，辛苦賺錢養家。Usu，就是其中之一。

丈夫酗酒，Usu忍無可忍，帶著兒女離家出走，一家十口的生計，全部由她一肩挑起。每個月拚死拚活掙得近三萬元血汗錢，被生活壓得幾乎喘不過氣。

達卡努瓦是混居的部落，有布農族，也有卡那卡那富族，語言、文化或有不同，但長期相處融洽，就像一家人。然而，「傳統部落裡，婦女通常處於相對弱勢的地位，家暴事件頻傳，有些婦女選擇隱忍，默默承受所有苦痛，有些婦女則是忍無可忍，不願繼續活在暴力陰影下，寧願遠走他鄉，」阿布娪說。

在那段咬牙苦撐的日子裡，Usu再三叮嚀留在那瑪夏的女兒及兒子，國小放學後就直接到原住民婦女永續發展協會附設的文化成長班窩著，複習功課、寫作業，順便吃頓免費的午餐或晚餐，晚上再跟著不同的部落婦女回家睡覺。

這些部落婦女都是Usu的街坊鄰居，更是多年好友，大家分頭扮演起「臨時媽媽」，每天幫兩個孩子張羅早餐。

培育自主經濟力

阿布娪的一通電話，改變了Usu的生活。

「要不要回部落工作？」Usu行李一收就回部落，加入「大地廚房」。儘管每個月兩萬多元的薪水不算多，至少是一份相對穩定的收入，一待就是六、七年。

阿布娪她們非常清楚，除了遠離家暴威脅，女人要能夠「出頭天」，必須做到經濟自主，否則一切都只如浮雲掠過。

這些年，她們做得有聲有色，復育usu u,ru就是其中之一。此外，「深山裡的麵包店」也逐漸做出口碑，因此她們打算再蓋另一個較大的窯，為活絡

那瑪夏達卡努瓦部落婦女在重建新生的過程中，也在學習與大自然共存。

部落願景屋在二〇一八年八月八日落成啓用，那天也是莫拉克風災九週年紀念的日子。

部落經濟發展添些柴火，加點動力。

莫拉克風災後半年，暫時遷到仁美營區的族人陸續返回部落，政府也展開災後復原作業，在部落辦了一場又一場的活動及課程，打算建立帶有部落特色的地方產業，協助原住民重新站起。

活動辦得熱熱鬧鬧，但參與的年輕義工大多缺乏生活歷練，也少有跨文化素養，一系列活動辦下來，就像船過水無痕。還好，陸續仍有公部門與不少民間團體及資源，湧進那瑪夏這個位於台二十九線起點的深山部落。

二〇一三年初春，吳克己也前往那瑪夏，親身感受到這個原鄉部落為了從風災創傷中重新站起，花了多少心力。深受感動之餘，他決定為這個飽受風災摧殘的部落做些事。

從四百公里之外而來

趁著工作空檔，吳克己多次走進那瑪夏，不斷和阿布娪等部落婦女腦力激盪，最後決定採取外地技術結合在地食材的「技術輸入」模式，為那瑪夏打開一扇窗——一扇連結那瑪夏和外地的窗。而他最拿手的烘焙，就成了支撐這個行動模式的核心技術。

無心插柳，吳克己的決定，催生了部落願景屋，也讓北醫大有機會來到這個距離台北四百多公里遠的原鄉部落。

一九六〇年創校以來，北醫大曾走過一段非常艱辛的辦學之路；千禧年後，校務步上正軌，財務狀況也逐漸健全，當時的董事長李祖德有感於北醫體系受到不少來自社會大眾的協助，才能走出困境，秉持「取之於社會，用之於社會」的信念，決定每年歲末年終之際舉辦一場歡樂慈善義賣會，將義賣所得捐給有需要的弱勢團體。

二〇一五年，北醫體系開始第一次的義賣與捐助，獲得不錯的成果，打算第二年也比照辦理。這次，選擇的對象是原住民部落。

探究：經濟規模限制發展

原住民部落何其多，為什麼選擇那瑪夏的卡那卡那富族？

肩負尋找受贈對象任務的北醫大公共事務處處長蘇維文，她當時恰巧得知，北醫大醫學人文研究所所長林益仁正在籌辦「二〇一六年國際原住民生態農夫結盟會議」，長期以來和台灣各原住民部落互動頻繁，於是向他請益。

「高雄那瑪夏卡那卡那富族飽受莫拉克風災摧殘，至今仍在為重建而努

部落願景屋有燒窯、廚房、餐廳，也有可調理果汁及雞尾酒的吧檯，不僅擴大部落婦女長期經營「大地廚房」的規模，也讓年輕人有一展身手的舞台。

力，」林益仁知道，「部落婦女雖蓋了座願景窯，試著透過販售具有地方特色的麵包與吐司，打開一條和外界連結的通路，但那座燒窯小之又小，不具經濟規模，很難達成預定目標。」

看到部落的困境，林益仁建議蘇維文，不妨把居住在高雄那瑪夏達卡努瓦部落的卡那卡那富族列為合作對象，提供義賣所得，協助那群充滿熱情與活力的部落婦女走出困境，進而打造屬於她們的溫馨家園。

催生部落願景屋

林益仁的建議立即為蘇維文及北醫大校方採納，二〇一六年年初募得的兩百七十六萬元，全數投入興建那瑪夏卡那卡那富族婦女念茲在茲的部落願景屋，在二〇一八年落成啟用。

願景屋是一幢兩層樓的鋼骨結構建築，裡面有大型燒窯、廚房、餐廳，也有可調理果汁及雞尾酒的吧檯，不僅擴大部落婦女長期經營「大地廚房」的規模，也讓年輕人有個一展身手的舞台。

二〇一八年八月八日，卡那卡那富族部落願景屋在莫拉克風災九週年那天，舉行落成啟用典禮，幾個曾經一起打拚的部落婦女，在「大地廚房」忙

集結老、中、青三代的力量，「深山裡的麵包店」、「大地廚房」經營得有聲有色，在地永續也愈來愈有希望實現。

進忙出。

和原來的燒窯相比，願景屋裡的燒窯大多了，一次可同時烤四、五十條吐司，產能一下子增加四、五倍，經濟規模也大多了。

不僅如此，沿著新願景窯的半開放樓梯，上到二樓，有幾間辦公室、教室和衛浴設備，其中的教室可彈性使用，萬一有部落婦女遭到家暴，可改成臨時庇護所，讓身心受創的部落婦女棲身，躲過風暴，等雨過天青後，再回家生活。

衝擊：未能實現的承諾

變故，發生在旦夕之間。

隨著願景窯逐漸步上軌道，又面臨人手不足的困境，而Usu突然因病過世，更讓這層困境浮上檯面。

一路走來，Usu雖然一度離開團隊，下田打零工維生，但阿布娪知道，只要哪天願景屋有需要時，她一定會再回來幫忙，只是這個她們倆都有的默契，因天人永隔而破滅。

阿布娪說，Usu轉去幫忙種龍鬚菜時，身體就已經不舒服了，儘管她一

部落裡的婦女採用在地農產與季節作物，料理出各種珍饈美饌。

ラーメン

再叮嚀Usu要去醫院好好檢查一下，得到的卻只是一抹淺淺的微笑，以及一句安慰她的話：「二姊，放心，等我病好了，一定回來歸隊！」

這句承諾終究無法兌現。

阿布娪紅著雙眼說，隨著癌細胞快速擴散，當時她雖知道這一切都已來不及，還是強忍悲痛，要Usu好好養病，「等妳病好了，部落願景屋也大概蓋好了，我們再一起工作。」

開拓未來的路

言猶在耳，斯人已遠。

協助辦好Usu的後事，阿布娪重新整理心情，規劃未來三至五年的人才培育計畫，也獲得吳克己的全力支持。

首先，阿布娪遊說兩個部落年輕人加入工作團隊。

一男一女，兩人都剛從大學畢業。其中一個人，利用每年夏季來臨的汛期，跟在吳克己身邊，除了學習烘焙技術，同時也學習一些經營行銷的方法；另一個人，則以開發具部落特色的手工藝為主，再旁及網路行銷與環境教育。

這是個全新的嘗試！阿布娪相當清楚，她和江梅英，以及所有一起工作的部落婦女，大家都已有了年紀，不管時間或精力，都不可能無止境投入部落願景屋的未來發展，必須交由年輕世代接手。

「這兩個年輕人願意回到部落，將可為部落注入活力，更重要的是帶回一些新的觀念和做法，協助卡那卡那富族乃至整個那瑪夏部落走出一條新路，」阿布娪說。

這條新路，除了透過網路行銷為烘焙產品及手工藝品找尋更多可能，同時為部落小農打開通路，還可經由環境教育讓外界更加瞭解部落生態環境與文化，找回部落榮光。

有人，就有希望

卡那卡那富族是個人口不及千人的小小原住民族，若能在老、中、青三代共同協力下，將部落願景屋的「深山裡的麵包店」、「大地廚房」經營得有聲有色，並且得以永續，甚至發展成對國家社會卓有貢獻的社會企業，那將是件再好不過的事。

這是一個夢，也是阿布娪最在意的事。

每當燒柴烤吐司麵包而冒出裊裊炊煙時，部落老人家或婦女就會紛紛聚攏過來，因為窯邊有人，只要有人陪伴，他們就不會孤單。

在那瑪夏，有煙，就有人；有人，就有希望。

4

為自己正名
找回部族的榮耀

從To`ona Tamu往外望，可以看到一整片青山白雲，達卡努瓦部落就位於楠梓仙溪上游河岸邊，四季如春，風光明媚，有如世外桃源。

那瑪夏鄉舊稱三民鄉，過去是高雄縣最北邊的行政區，翻過一座山就是嘉義縣的阿里山鄉。

歷史的謬誤

阿布娪她們從部落耆老的口中得知，祖先早年是從阿里山那頭翻山越嶺而來，最後落腳在楠梓仙溪河畔，從此定居下來。

也因此，從日據時代以來，卡那卡那富族就被劃歸為鄒族的一支，通稱為南鄒族，但阿布娪和族人始終認為，她們和鄒族無關。

八八風災過後，為了重建家園，找回屬於卡那卡那富族的榮耀，阿布娪登高一呼，號召族人向政府申請，把卡那卡那富族設為原住民族之一。

當時她們想得簡單，認為只要準備一些資料，就可以正名成功，沒想到才剛起步，就發覺困難重重。

沒有文字，失根的危機

卡那卡那富族，「數百年來，除了極少數耆老，大多數族人根本不會說族語，」阿布娪說，「加上卡那卡那富族族語並沒有文字，只能口耳相傳，隨著一代又一代老人家凋零，很多部落傳統及文化很可能就此斷根，淹沒在滾滾歷史洪流中。」

至少要把族語留下來！

阿布娪非常清楚，許多卡那卡那富族的智慧全都蘊藏在族語裡，只要族人學會族語，還是可以回溯歷史，重新找回祖先的榮光。

透過高雄市原住民婦女永續發展協會的努力，每個星期三下午，那瑪夏民生國小都會安排戶外活動課，而阿布娪等人便會請校方安排孩子到部落願景屋，讓每個孩子在「女人的田地」和「祕密雞地」認養一小塊地，拔草種菜，此外還請來部落耆老教授族語。

從受災戶變守護者

在每天的忙碌生活中，Usu始終記得，不能讓後代子孫失去了根，「除了維持家計，照顧部落裡的老人和孩子，進而傳承卡那卡那富族的傳統文化，也是我們的責任。」

為了讓孩子更快學會卡那卡那富族族語，這群部落婦女特地將鋪在「女人的田地」、「祕密雞地」地上的磚塊塗上黃色油漆，上面再寫上傳統作物的中文及卡那卡那富族族語。

風是「pariapa」、芋頭是「tanuku」、柚子是「vuu」……，如此一來，部落裡的孩子就可以邊走邊學。

耆老也會教那群孩子吟唱傳統歌謠、解釋歌謠內容，告訴他們小米播種和收成的季節，教他們如何就地取材，製作簡單的趕鳥器，免得辛苦種植的小米被小鳥吃了，同時也教導他們如何在野外生活……

曾經，Usu也會在有空時加入這個有意義的工作，她說，光是趕鳥器就

卡那卡那富族婦女將族語寫在「女人的田地」和「祕密雞地」地面的磚塊上，部落孩子每天都可以邊走邊學。

原住民先人智慧無所不在，料理，也是一種展現的媒介。

有很多種，形狀不同，聲音也不一樣，充滿了原住民與這塊土地和諧共處的智慧。

傳統，是通往未來的路

二〇一四年六月二十六日，行政院發布新聞稿，宣布卡那卡那富族成為台灣第十六個原住民族。

一場突如其來的風災，打亂了那瑪夏原住民的生活步調，人生也來個大轉彎。

十多年前，她們怎麼也沒想到，會在深山裡蓋起一座願景窯，甚至還開起麵包店，成天忙著烘焙吐司、麵包和貝果。

如今，她們仍舊走著重生之路，但步伐愈來愈穩健。

在變局當中，她們必須學習改變，但在意識深處，她們堅持，有某些事物恆久不變，也勢不能變。這樣的守護，是最有價值的事。

正如Usu曾言：「這是一種文化傳承，可以確保卡那卡那富族不被時代洪流淹沒。」

y

第三部

不完美的完美

——台灣身心障礙者音樂關懷協會

音樂，幫身心障礙的孩子開啟新世界。
從此，天地更寬廣，
人生也有了另一種可能。

1 為不完美譜出動人樂章

二〇一八年冬季，一群台灣的慢飛天使受邀前往美國紐約參加「第四屆國際身障鋼琴大賽」，他們與來自全球十六個國家、三十五位選手一較高下，比賽結果亮眼，抱走金牌等多項大獎，為國爭光。

這個站上世界舞台的壯舉，原先充滿變數，因為龐大的食宿、機票與交通費等經費缺口，險些折翼。

給身障者為自己喝采的機會

賽前，台灣身心障礙者音樂關懷協會理事長陳蔚綺為經費問題焦急不已，因為協會六位參賽者大多來自弱勢家庭，經濟狀況不好，他們及每人一位的陪同者，僅機票加住宿費已是不小負擔，再加上租琴、表演服裝等費用，也都沒有著落。

「每個選手都這麼優秀、機會這麼難得，難道要眼睜睜放棄？」陳蔚綺馬不停蹄四處奔走募款。

北醫大前校長閻雲和全球衛生暨發展碩士學位學程主任邱亞文因緣際會獲悉此事，深受感動，與校方討論後，決定伸出援手。

二〇一七年，北醫舉辦「愛要有您，讓愛飛翔」愛心義賣市集暨歡樂慈善義賣會，一校五院師生熱烈響應，捐出二手物品或家中珍藏的壓箱寶，義賣所得衝到三百萬元，成功幫助選手圓夢。

陳蔚綺破涕為笑，北醫的動人義舉，有如寒夜裡的暖流，讓身障孩子有機會發光發熱、為自己喝采。

總統教育獎推手

台灣身心障礙者音樂關懷協會是由台中特殊教育學校學務主任陳蔚綺於二〇一二年三月發起成立，號召特教老師、音樂老師、身障者、身障者家長及熱心社會人士組成，目前約有五十位成員。

「音樂是打開特殊孩子內心世界的最佳途徑！」陳蔚綺抱持這樣的信念，從一九九五年開始，她利用課後私人時間，義務教導身心障礙學生練習琴藝。

二十四年來，已經有近六十位身障學生學習樂器，包括：腦麻全盲生張晏晟；全盲生張雅恩、鍾方晨、楊紫羚；自閉症全盲生陳珞綺；弱視生陳彥豪、陳柏翰；唐氏症多障生許育瑋，以及視聽語障生曾宣淯。其中，還有九位獲得總統教育獎，她也因此獲得「總統教育獎推手」的美稱。

為身障孩子思索未來

陳蔚綺相信，音樂能為身心障礙學生創造無限可能，因此，擔任身心障礙者音樂關懷協會理事長以來，她發揮特教音樂長才，積極開創各項特殊音樂與休閒教學課程，提升身心障礙學生的生活品質，讓這些孩子的生活能夠充滿音樂、活力與色彩。

因著這份堅持，陳蔚綺自身也獲獎無數，包括：台中市政府特殊優良教師、中華民國第二十屆十大傑出女青年、第一屆教育大愛菁師獎、教育部藝術教育貢獻獎、教育部推動生命教育績優人員、教育部特殊教育人員獎、星

二〇一八年，經過十五小時長途飛行，優秀的身障鋼琴家們抵達美國紐約，從來自十六個國家的三十五位選手中脫穎而出，為自己爭光，也讓中華民國國旗在國際舞台昂揚。

從台灣到美國紐約，身障選手克服時差與低溫，打起精神彈奏，最終贏得三金、二銀、三銅的榮耀。

雲教育典範教師獎、二〇一七年師鐸獎、二〇一七年吳尊賢愛心獎等。家裡滿滿的獎牌、獎盃，見證了她的無私大愛。

陳蔚綺心中還懷抱更遠大的夢想，她看見身障孩子終老的問題，明白家長們內心的擔憂，期待有天能打造一座「幸福音樂村」，讓身障孩子在那裡一起生活，或種植香草植物、或經營餐廳，一起快樂練習樂器、表演，架構一個自立自強、互助的社區，快樂到老。

誤闖特教界的天之驕女

每天腦海裡思索盤算的，都是怎麼讓身障孩子活出自己、活得精采，陳蔚綺的大半人生都奉獻給了特殊教育。然而，踏入這條路，並不在她原先的人生藍圖裡。

那是一場意外的旅程。如今回想起來，好像是老天在冥冥之中指引她，一步一腳印走來。

陳蔚綺的母親是音樂老師，她從小立志跟著母親腳步，成為一位音樂老師；高中畢業後，她如願考上台灣師範大學音樂系，距離人生夢想愈來愈接近。她先到小學實習，接著畢業分發到新竹擔任國中音樂老師，展開「音樂老師」的築夢踏實之路。

優雅的音樂課變了調

一九九一年，升學主義掛帥的年代，像陳蔚綺這樣的新手老師，多半被分派到「後段班」開始教起，亦即俗稱的「放牛班」。

教室的課桌椅幾乎全被翻倒，從來沒整齊過，學生也是吵鬧不休，光是用力吼學生「安靜」、「不要吵」，就花了快一整節課，「美麗的音樂課呢？」她幻想中優雅的音樂課，變了調。

陳蔚綺自嘲，這根本不像音樂老師，比較像「馴獸師」！每天起床後，想到要去教課，心情就變得非常不愉悅，滿腔熱血也被澆熄大半。

更令她沮喪的是，即便後來她開始教所謂的「前段班」，幻想中琴聲悠揚、學生高歌合唱的快樂畫面，同樣破滅。礙於升學壓力，前段班學生的音樂課，多半還是在念書、準備下一節考試，或經常被其他老師借課。她想要一展音樂長才的抱負，根本無法如願。

滿載的無力感，陳蔚綺決意辭去教職，另尋出路。就在此時，她偶然間看見彰化啟智學校招募特教老師的訊息。

對於身障的孩子，陳蔚綺（左1）不僅總是耐心鼓勵他們超越身體障礙，用心譜出每個音符，並且不辭辛勞，陪伴孩子與家屬出國比賽。

一九九五年間，特殊教育剛起步，陳蔚綺對特教毫無概念，只是因為對教書仍有一絲未熄的熱情，決定前去一試。

陳蔚綺記得，到彰化啟智學校應徵那天，學校隆重以待，校長、校長夫人、主任、組長一字排開列隊歡迎——當時願意投入特殊教育的老師少之又少，更別說是畢業自師大音樂系的「天之驕女」，願意到鄉下教「憨囝仔」，簡直像是天上掉下來的禮物一般。

即便沒有特殊教育的教學經驗，校方仍然熱烈歡迎她加入。

看見夢想中的音樂課

陳蔚綺欣然接下新職，雖然這是一條從未走過的路，但她知道，在升學主義掛帥的教育環境下，她不論到哪個普通學校教音樂，情況勢必重演，不如換個環境，給自己新的挑戰。

果然，在彰化啟智學校上的第一堂課，她便歷經一場震撼教育。

陳蔚綺看見一位腦性麻痺學生坐在輪椅上手舞足蹈，以為學生有事要對她說，她自然地靠上前去，沒想到被那孩子猛扯頭髮，她既痛又懼，不明白是怎麼一回事……

透過音樂，顧永鍇為自己打開一扇窗，更拿下「第四屆國際身障鋼琴大賽」自閉症組金牌。

這段過程雖然驚險，卻也讓陳蔚綺更堅定，要好好鑽研特教知能，「我要趕快瞭解這些特殊孩子在想什麼，趕快融入他們！」

沒過多久，陳蔚綺便愛上這份工作。

「過去教國中生，音樂課堂上很少聽到他們開口唱；來到彰化啟智學校，這群孩子每次上課時的歌聲都響徹雲霄，他們用盡全力，說是用生命歌唱也不為過。這份純真感動了我，這才是我一直以來想要的音樂課！」她感動地說。

陳蔚綺在彰化啟智學校共任教五年，這段時間，她吸收、精進許多特殊教育相關知識，結合特教與音樂雙專長，造福無數學子。二〇〇〇年，她開始到台中特殊教育學校服務，轉眼即將屆滿二十年。

在漆黑中摸索

二十多年前，陳蔚綺走進這條人煙罕至的路，指導身障者彈琴缺乏前例可循，她只能靠自己不斷摸索。

她閉眼感受視障生所處的情境，自編教法，幫看不見的視障生運用「聽覺」、「觸覺」學彈琴，讓明眼人所熟悉的「黑白鍵」化身為「凸鍵」與

身障鋼琴家征戰國際，贏得亮眼成績，展現他們對生命負責的態度。

擁有極佳記憶與音感的李棨軒，拿下「第四屆國際身障鋼琴大賽」智能障礙組金牌，
同時也是這場賽事的總冠軍。

「平鍵」。她牽著盲生的手，透過雙手「摸」尋音符，從認識琴鍵開始，一步一腳印，進而可以彈奏出美妙樂章。

視障生最害怕的是，雙手離開琴鍵之後，找不到正確的位置，一些需要大動作的跳音經常很難表現，容易因為找音而拖拍。

陳蔚綺不厭其煩教導學生，用八度找法及左右手分批移位法，反覆抓距離，一次又一次、再一次……，她不斷鼓勵學生持續練習，突破他們的心魔，直至學生們練到能夠抬頭挺胸，遇到音距很遠的「大跳」也不怕。

終於，學生們克服了身體與心理的障礙，回報以清脆乾淨、如行雲流水的樂音。

以常人的標準為標準

「說也奇怪，如果是教普通的孩子，我可能很快就沒耐性，可是對特殊生，我不知哪裡來的耐性，再一次，再十次、二十次也沒關係，就是想要教會他們！」陳蔚綺說著，臉上掛著輕輕柔柔的笑容。

她用愛教課，讓原本不願敞開心胸的視障生或自閉症學生，透過音樂找到自信，變得活潑樂觀，不僅錄取各大學音樂系，也考上街頭藝人證照，更讓家長對自己的孩子刮目相看。

彷若有魔法的音樂課，讓孩子們著迷。幾堂課之後，孩子們就把「蔚綺老師的鋼琴課」看成如同生命一般重要的事，若不巧陳蔚綺有事要請假，得花好多力氣安撫在電話那頭哭得天崩地裂的學生。

「對不起啦，老師這星期有事情，你先好好練習，下星期再彈給老師聽好嗎？」總是要她好說歹說，才讓學生破涕為笑，點頭同意。

在學生的記憶裡，陳蔚綺是「超級棒」的老師，從來不生氣，也不責怪學生。她溫柔而堅定，教學認真，不因學生有身體障礙而馬虎，總是鼓勵學生：「不要因為視力障礙而有差別，要彈就要彈到最好，做到跟明眼人一模一樣！」

以世界為格局

隨著陳蔚綺指導的學生愈來愈多，要參加各項賽事、參與公益演出等事宜，光憑她一己之力難以推展，二〇一二年三月她號召成立台灣身心障礙者音樂關懷協會，擔任理事長一職，讓服務更到位、更有能量。

這群傑出的慢飛天使，征戰各項海內外音樂比賽，致力於國際音樂藝術交流活動，為國爭光。

「到國外比賽拓展選手們的眼界，可以看得更寬、更廣，用音樂寫出不同的生命故事，也讓國際看見台灣特殊音樂教育的成就！」

陳蔚綺說，很多選手因家庭經濟並不寬裕，從小到大沒有出國的機會，透過比賽遠遊，與其他國家選手交流，意義格外不同。因此，她非常感謝每位曾經幫助協會的善心人士、每份善舉都溫暖。

從接受幫助到幫助他人

幫助身障孩子都能自立生活，是陳蔚綺的終極目標，「給他魚吃，不如給他釣竿，」她談到，協會成立至今，已協助十八位身障學生考取街頭藝人證照，成為專業街頭藝人。

許育瑋、周以嘉、林昱慈、江國銓、張琬暄、葉家銘、陳子明、王靜慈、盧璽文、孫柏豪、邱聖凱、王冠峻、周則翰、張祈佳、郭冠廷、吳昱曉、陳彥豪，以及陳珞綺，他們都在各自的表演舞台散發光芒。

陳蔚綺說，協會成立以來的每一步都不容易，社會大眾的援手，給了協會成員飛翔的力量，協會知恩感恩，也致力推廣生命教育，讓每位孩子都有參與公益義演的機會，用自己的力量回饋社會。

二十多年來，孩子們演出的樂音，餘音繚繞在戒治所、醫院安寧病房、老人院、身障機構……，每每演出完畢，都獲得無數掌聲和一根根豎起的大拇指，對著他們比「讚」。身障音樂家的演出，鼓舞人們勇敢努力、好好活著，不要對生命失去希望。

生命感動了生命

為了維繫協會運作，陳蔚綺經常要四處演講募款，奔波勞碌。每當有人問她：「這條路並不輕鬆，妳為何能堅持至今？」陳蔚綺不僅不以為苦，反倒覺得幸福。

「在教導學生時，我們互相以生命影響生命、以生命感動生命，這群特殊學生讓我學會以不同眼界看世界，以更細膩的思維來面對人事物，」她認為，能夠成為特教音樂老師，是無比快樂的事！

看著這群孩子克服身體的不便，學會一項或多項樂器、考上理想的學校，或是如願成為街頭藝人，靠自己的雙手賺錢，「一路的陪伴，太值得了！」陳蔚綺欣慰地說。

所謂「給他魚吃，不如給他釣竿」，陳蔚綺希望協助身障孩子培養一技之長，讓他們能夠自立，讓更多人看見改變的可能。

在父母與師長引導下，王榮堅（右）逐漸展現音樂才華，拿下「第四屆國際身障鋼琴大賽」智能障礙組銅牌，也是這場賽事的總亞軍。

台灣身心障礙者音樂關懷協會的成立，給予身障生學習機會，規劃適合長期學習的樂器，幫助他們培養一技之長，參與國內、外音樂比賽，在舞台上找到更亮眼的自己，並協助職涯規劃，例如：進入大學主修音樂系、報考街頭藝人證照，或是擔任音樂教師、調音師……，讓他們能夠憑一己之力謀生，面對人生不再徬徨。

協會也積極投入培訓「特殊音樂種子教師計畫」，埋下更多種子，期待台灣有更多「陳蔚綺」，協助慢飛天使勇敢追夢，超越自身障礙，在音樂的世界中展翅翱翔，彈奏出最美的生命樂章。

教室外的免費音樂課

陳蔚綺的熱情，在課堂外也持續洋溢。

她經常利用課後時間幫同事的視障孩子上鋼琴課，漸漸有愈來愈多視障生、腦性麻痺、自閉症、唐氏症孩子的家長們，聽說這位老師很有耐性，紛紛前往拜託。

「這位音樂老師指導特教孩子很有一套」的說法，開始口耳相傳，不脛而走。

家有身心障礙孩子的家庭，即使經濟條件不理想，父母依然熱切希望，讓孩子學音樂，讓人生有不同的可能。明白這一點，陳蔚綺索性免費指導。

「如果是全盲小孩，刻板印象會要他們學按摩成為按摩師，但來找我的家長，他們知道孩子能有不同的路可走；孩子們喜歡音樂，也小有天分，朝音樂領域發展很適合，」陳蔚綺說，「智能障礙的孩子若從事一般工作，容易受體力不夠、速度不夠、能力不夠等因素影響，所以，學習音樂，擔任街頭藝人，是最快樂又可以勝任的工作。」

幫一個孩子就是幫一個家庭

這般善舉，從陳蔚綺任教彰化啟智學校開始，二十多年如一日，教學熱情不曾或減。

起初，家人對她的做法頗有微詞，認為「有需要做到這樣嗎？」她對家人說：「普通小孩誰都可以教，但特殊孩子需要我！」

不為錢、不為利，還要犧牲自己的休息時間，這任誰看來都覺得像「傻瓜才會做的事」，陳蔚綺卻甘之如飴。她相信，若藉由她的手，教會這些孩子音樂技能，未來得以自立自強，不只是幫助一個人，更是幫助一整個家庭，「這回饋太大、太值得了！」

陳蔚綺數十年如一日的堅持，家人也被感動，她的先生更是無怨無悔，一路陪伴、支持她完成夢想。

她感念地說，協會草創之初，行政庶務龐雜，她白天要教書、晚上還要指導學生，許多時刻都力不從心，若不是先生的鼎力支持，幫忙甚多，她沒辦法完成這麼多事。

二〇一五年，陳蔚綺的丈夫不幸罹患癌症過世，她痛徹心扉，但她堅信，先生依然會在天上守護著她和這群特別的孩子，繼續無畏向前，在人生舞台上散發光熱。

「許多身障孩子需要我，只要他們需要我，我必伸出雙手擁抱！」在特教音樂教育的路上，陳蔚綺心中熾熱的燈火永不熄滅。

2

陳彥豪
別人做得到，我一定也可以！

右手快速彈奏黑鍵，左手應和著，如同森林裡跳躍的精靈一般。蕭邦的〈黑鍵練習曲〉以節奏輕快聞名世界，同時也是一首連明眼人挑戰都有難度的樂曲。

二〇一八年，「第四屆國際身障鋼琴大賽」上，代表台灣出賽、中度弱視的選手陳彥豪以這首世界名曲與自創曲〈對決〉獲得評審青睞，一舉奪下銅牌獎。

穿著筆挺西裝，和指導老師陳蔚綺與其他台灣選手拉起國旗合影的那個驕傲瞬間，陳彥豪永生難忘。

「難以言語的感動！」用琴藝為國爭光，站在世界舞台上，曾經是陳彥

陳彥豪在「第四屆國際身障鋼琴大賽」同時囊括視障組銅牌獎與最佳創作獎，不僅超越自我，也為國爭光。

豪想都不曾想過的事。

如今，他做到了！

把耳朵變眼睛

二十二歲的陳彥豪長得帥氣，只是出生時因視網膜結痂導致高度近視，左眼兩千度、右眼一千度。因為弱視看不清，陳彥豪被判定是中度視障。對他來說，想要看清五線譜，是一件十分吃力的事，模模糊糊的，更別說琴譜上密密麻麻的「豆芽菜」，要分辨哪個音符、哪個位置，根本就是不可能的任務。

幸好，老天關起一扇門，自會打開另一扇窗！

陳彥豪雖是視障，上天卻賦予他聽覺的敏感度，自三歲開始學琴就沒看琴譜，而是透過聽音與記憶反覆練習，明眼人十次可以練好的樂曲，他要花上三十次、五十次。

「台上十分鐘，台下十年功」，他體驗深刻，終於憑著苦練，鍛造出一身成就。

從小就展現獨特音感，陳彥豪一直是鋼琴比賽的常勝軍。小學三年級開始，他就跟著陳蔚綺學琴。

起初，陳蔚綺也曾試圖讓陳彥豪看譜，把譜放到最大，但對他來說，著實吃力，因此她以獨特的「雙鋼琴」教法，讓陳彥豪跟著音樂彈，用聽力取代視力，「讓耳朵變成眼睛。」

咬著牙也要撐過去

下課回家後，拿出上課錄的錄音帶，一次又一次反覆播放，不厭其煩地仔細聽著，跟著彈奏，是陳彥豪每天不變的功課。勤奮的程度，連陪他練琴的媽媽和外婆，聽到旋律都已背起來，他哪裡彈錯都知道。

然而，認真、有天分的他，卻差點在國中時期放棄鋼琴之路。國中的課業壓力，壓得陳彥豪喘不過氣來，每天要抽出時間練琴、又要兼顧學校成績，身心倍受煎熬。

「每次想要放棄，就想到蔚綺老師溫柔的臉！」陳彥豪回想起來，學琴的路上，老師從來不曾責備他，就算知道他這週回家疏於練習，彈得荒腔走板，老師也只是鼓勵他「回家再練熟一點！」

「你是不是忘記練這首？」聽見陳蔚綺這樣問，每一次，陳彥豪都告訴

不服輸的個性，讓身障鋼琴家在世界舞台上留下動人的故事。

自己：「再堅持！再加油！」

在陳彥豪心裡，蔚綺老師就像媽媽一樣，溫柔而堅定地陪伴他，「如果沒有蔚綺老師，應該就不會有今日的我，」他感性地說。

聆聽生命的悠揚樂章

「別人做得到，我也一定可以！」陳彥豪不服輸的個性，讓他在國際賽事上屢戰屢勝。

二〇一三年在維也納舉辦的「第三屆國際身障鋼琴大賽」，代表台灣參加的選手中，陳彥豪是最年輕的一位。

二〇一五年參加亞洲泛太平洋身障鋼琴大賽，他不僅拿下銅牌獎，也以創作曲贏得獨奏比賽的特別獎。

二〇一八年在紐約舉辦的「第四屆國際身障鋼琴大賽」，陳彥豪除了贏得視障組銅牌，更以〈美哉美國〉（America The Beautiful）指定創作曲，得到最佳創作獎。年紀尚輕，他的強大創作能量已受到評審團關注。

陳彥豪告訴自己：「跟自己比賽，努力做到別人所能做到的。」

因為他的樂觀進取，以及堅強綻放的生命力，曾獲頒總統教育獎，為自己的人生寫下永不放棄、積極奮起的獨特曲風。

二〇一八年自彰化明道大學畢業，主修數位設計的陳彥豪，朝著幕後音樂製作工作大步邁進。他結合設計與音樂長才，搭建網路平台，除了為自己的創作曲發聲，也提供給對音樂有天分的視障或特殊族群，一起在平台上發光發熱，期盼有朝一日衝出最棒的網路聲量，讓大家都看見。

演繹美妙的人生變奏曲

陳彥豪不只有音樂成就，平面設計作品也在二〇一八年獲選為德國紅點設計大獎（Red dot design award）前五百名。陳蔚綺借重他的長才，現在協會的講座海報、謝卡設計，經常請他幫忙製作。

二〇一九年，台灣身心障礙者音樂關懷協會舉辦「音樂輕鬆學，MUSIC SO EASY」暑假講座，陳彥豪應邀主講「五分鐘完成音樂創作」，現場有滿滿的回饋與交流，為特殊音樂種子教師培訓而努力，席間請教「陳彥豪老師」的發問此起彼落。

音樂改變了陳彥豪的人生，陳蔚綺說，「彥豪剛開始練琴參賽時，因為家境清寒，只能穿高中制服參賽，不像其他參賽者，至少都還有一套西裝、禮服可穿，初次登台的西裝，也是善心捐贈而來。」

如今，從一個手心向上的受助者，翻轉生命，有能力成為手心向下的給予者，他成為協會最得力的講師之一，也經常參加協會舉辦的公益義演，悠美的琴聲打動無數人心，鼓舞了許多弱勢者。

「以自身為見證，成為愛的傳遞者」，陳彥豪的生命就是一首驚奇美妙的變奏曲。

3

陳珞綺

不放棄，就有無窮希望

要不是你在我身旁，我不知道那些日子該怎麼堅強。
還好有你的陪伴，要不然我早就已迷失了方向。
今天為大家演唱的是〈親愛的，謝謝你愛我！〉來賓請掌聲鼓勵！

在大賣場裡，人來人往，往停車場的出口角落傳來甜美可人的歌聲，時不時還會「cue」觀眾「會唱一起唱」、「讓我聽到你的尖叫聲」……，一個人身兼歌手和主持，清亮嗓音讓許多人不自覺放慢腳步，四處張望尋找聲音來源。這是街頭藝人「音樂小精靈」陳珞綺的表演。她演出時，媽媽侯沛瀠總是坐在一旁耐心陪著她，不管眼前有沒有人，侯沛瀠都會跟著輕輕哼歌、

全盲伴隨自閉症的陳珞綺，她是二〇一五年總統教育獎得主，而她所有的學習全憑記憶與聽力，一路考取六張街頭藝人執照，自彈自唱演繹不一樣的音樂人生。

用力鼓掌，告訴女兒：「很多人在看妳表演喔！」

十八歲的陳珞綺，全盲伴隨自閉症、是全重度身心障礙者，不善與人交談，經常重複一些沒人聽得懂的話語，但是只要坐在電子琴前，她就變身成大明星。不論是旋律古典的老歌、溫柔呢喃的情歌、還是節奏輕快的搖滾，都難不倒她，自彈自唱一首接一首，中間還會穿插著「跟我一起唱」、「請掌聲鼓勵」等話語，炒熱氣氛，彷彿是場華麗的個人演唱會。

許多人被陳珞綺的歌聲觸動，得知她的生命故事後更是感動莫名。有人送水果、有人送晚餐、有人打賞……，還有阿伯堅持要回家煮一碗熱騰騰的麵，送給她們母女兩人吃。點點滴滴，都讓侯沛灤感動在心頭。

哀莫大於心死

外型亮麗的侯沛灤，原本是幼教老師，但是她的人生，在小女兒陳珞綺出生後，完全變調。

陳珞綺語言能力差，一直到小學二年級才偶爾叫聲「媽媽」，肢體發展也比一般孩子慢。

為了照顧女兒，侯沛灤辭去工作，專心帶著女兒到醫院做早療，不放棄任何希望。

然而，在最需要家人支持的時候，丈夫（已離婚）卻冷漠以待。

侯沛瀠一邊照顧孩子，一邊還要面對冷言冷語。她印象最深刻的是，前夫不支持她帶孩子做早療，覺得「浪費時間，這孩子就這樣了，早療有什麼用……」

有一天，前夫在看電視，侯沛瀠帶著珞綺出門要做早療，想到大女兒下課時間在即，請前夫幫忙接一下大女兒，前夫竟冷回：「我幹嘛去接？」

冰冷的語氣，得不到任何奧援，她覺得哀莫大於心死，下定決心「一定要離開這裡！」

走過抱著孩子哭的日子

「那種感覺就像，身體陷在泥沼中，只剩鼻孔露在外面，再差一點就會窒息，還有人對著你丟石頭！」侯沛瀠索性帶著孩子搬離夫家，獨自將當時才國小的兩姊妹拉拔長大。

一個女人家帶著兩個孩子，生活已經不容易，教養問題更讓侯沛瀠傷透腦筋。尤其，自閉的孩子除了難溝通，也伴隨情緒障礙。

陳珞綺的自閉症在國小時最為嚴重，侯沛滐回憶，當時珞綺會尖叫，還有拔頭髮、自傷等行為，她經常抱著孩子一起哭。

她挫折不已，「以前當幼教老師，一班十五個學生，我都照顧得好，為什麼現在連一個女兒都顧不好？」

侯沛滐經常心傷落淚，但眼淚無法解決問題。

擦乾淚水，侯沛滐勇敢面對生命課題。她攻讀台中教育大學特教碩士，希望更加貼近珞綺的世界。「想像當你看不到，想表達的事情也說不出來，是否覺得很無助？」她換位思考，因此她從不大聲吼孩子，而是用耐心，一步步讓失控的珞綺回到正常軌道上。

現在的珞綺，跟媽媽就像姊妹淘，她稱呼侯沛滐「侯小姐」，兩人是好朋友，也是最好的工作夥伴。

自立自強解決生命課題

陳珞琦自小就展現音樂天分，八個月大還不會講話，就經常哼著一些童謠的旋律，仔細一聽，原來是〈妹妹揹著洋娃娃〉，雖然只是一直重複唱著同一句歌詞，侯沛滐已經相當驚喜。不僅如此，珞琦一歲時，有次亂按琴鍵，彈奏出來的，竟然是〈天鵝湖〉的部分旋律。她想，可能是自己經常播放音樂給珞綺聽，聽著聽著，這個小女孩就學會簡單地彈與唱。

小學四年級，珞綺學習克服情緒障礙，終於能夠好好坐著。此時，侯沛灤決定帶著她去「拜師學藝」。她打聽到特教老師陳蔚綺對視障孩子有一套獨特教法，前去拜託老師「教教我的孩子」，陳蔚綺二話不說，答應義務指導珞綺上課。

要讓自閉症的孩子打開心房，並不容易。陳蔚綺為了走進珞綺的內心世界，煞費苦心。

她以玩遊戲的方式上課，讓珞綺漸漸接受她、愛上鋼琴課。有一次，珞綺手指受傷，媽媽要幫她請假，她竟然吵得翻天覆地，大吼大叫：「我手不會痛、我要上鋼琴課……」安撫許久，珞綺的情緒才穩定下來。

在陳蔚綺指導下，珞綺培養自彈自唱的能力，也考取多張街頭藝人證照。現在，珞綺就讀台北啟明表演藝術班，讓她的專長更加全方位發揮。

一個母親的心願

侯沛灤照顧珞綺無微不至，平時課堂上總能看到她的身影，為全盲的珞綺劃課業重點，回去再讓她聽錄音複習。到了假日，侯沛瀠開車載著珞綺表演，在基隆海洋科技博物館、苗栗大潤發、苗栗火車站等地點，經常可以看見她們母女的身影。

當一個母親，同時是「經紀人」，侯沛瀠「全年無休」。她瘦小的身軀，要把電子琴、麥克風、音響音箱等設備從車上搬下來、扛到表演場地，一手還要牽著珞綺，不辭辛勞，為的就是希望讓大家看見珞綺的表演，看到她的努力，因她的歌聲感動。

「說不累是騙人的，」侯沛瀠說，但是不管再忙、再累，遇到問題只能堅強面對，不能膽怯。

「你要是很怕，永遠跨不出去，就看不到彼端。一定要告訴自己：『我可以！』」她說。

品味倒吃甘蔗的人生

現在，珞綺可以靠自己的能力當街頭藝人、自己能賺錢，侯沛瀠覺得，這對所有人來說都是很大的鼓舞，「一個全盲、自閉症的孩子，都能自力更生，證明每個人只要努力、不放棄，就有無窮希望！」

「珞綺能有今天，要特別感謝蔚綺老師很有耐性，循序漸進地教她，」侯沛瀠認為，蔚綺老師不是一般的老師，而是「神奇音樂魔法師」，她可以看到孩子的特質，協助孩子發揮所長。

「當年蔚綺老師得知珞綺想考街頭藝人，傾全力幫忙，協助我們報名，陪珞綺練習考試曲目，借我們電子琴、音響等設備，考試時還到場加油打氣。因為老師不厭其煩指導，珞綺得以順利考上六張證照，」她充滿感謝。

侯沛瀠一直記得，蔚綺老師在獲頒吳尊賢獎時的致詞：「如果今天學生學不會，絕不是學生笨，而是我的教學方法出了錯。」

就是這樣的好老師，永遠以學生的角度出發，用愛與耐心教學，才能成就每一位孩子。

如今，大女兒上大學，小女兒珞綺也能靠自彈自唱賺錢，侯沛瀠有一種「熬出頭」的喜悅；她的非凡母愛也受到肯定，陸續獲得慈暉獎、全國十大愛心媽媽、第六屆傑出弱勢單親母親等殊榮。回顧過去，她覺得，人生就像倒吃甘蔗，愈來愈甜。

4

許育瑋

錯了，就再來一次！

這天，有人約了許媽媽吳麗璧喝咖啡，坐在一旁的許育瑋話不多，自顧自玩著手上的模型小車，兩台小車在他手上彷彿正在競賽，忽而紅車領先、忽而遠遠落後。在許育瑋內心的小宇宙裡，或許希望能夠盡情馳騁，當一個疾速賽車手。

在現實生活中，二十七歲的大男孩許育瑋，他是多障街頭藝人。出生一個月即被診斷出罹患唐氏症，伴隨中度智能障礙、視障及語障，身體有諸多不便。

然而，這樣的他，如今是全台擁有最多街頭藝人證照的多障者，擁有全國二十縣市、二十二張街頭藝人證照，無論陶笛、電子琴、數位吹管都難不

許育瑋是多障街頭藝人，也是全台擁有最多街頭藝人證照的多障者。

倒他，高速公路上的清水服務區常有他表演的身影。

擦乾淚，才能看清前路

許育瑋是吳麗璧的第二個孩子，但這個原本全家都很期盼的許家長孫，卻曾經讓她墜入絕望深淵。直到現在，二十七年過去，想起當時的場景，她仍然忍不住落淚，「全家都期待的孩子怎麼會是這樣？」

育瑋出生時，是體重只有二二五〇公克的早產兒，罹患唐氏症伴隨中度智能障礙、視障及語障。這樣多重障礙的孩子，能做什麼呢？

哭過了，路還是要走。

吳麗璧和先生都從事代書工作，白天忙工作、晚上照顧三個孩子，還要抽空帶育瑋復健，忙到日子都不知道怎麼熬過的。

隨著年齡增長，育瑋的症狀也一一浮現：走路常常跌倒、學習遲緩、視力差，心智年齡停留在三歲。

為了讓育瑋有正常完整的學習經驗，吳麗璧和先生堅持讓育瑋與其他孩子一樣入學就讀。而且，吳麗璧為母則強，育瑋開始上學後，她花很多時間參與學校事務，幫不善言語、身心障礙的育瑋拚人際關係，希望師生們都喜歡她善良可愛的「憨囝仔」。

為了幫育瑋找到出路，吳麗璧夫妻兩人殫精竭慮，音樂教室、游泳、電腦、直排輪、跆拳道、舞蹈、打擊樂……，各式各樣的課程，只要老師肯收，絕不放棄任何機會，但總是失望而歸。直到參加唐氏症基金會開設的陶笛課程，看到育瑋認真的模樣，他們相信：「就是這個了！」

不放棄，未來從此改變

以許育瑋的先天條件，學習陶笛其實困難重重。因為疾病的緣故，他天生手指粗短、難以按孔，要花比別人多數百倍、數千倍的時間練習；又因為眼球震顫無法看譜，理解能力也差，還有「大舌頭」的毛病，一吹陶笛就流口水，隨時要用毛巾擦拭，學習起來相當吃力。

還好育瑋沒有放棄，課堂上老師指導之外，回家後育瑋父親也不厭其煩教他，自己吹過一次之後，再讓育瑋跟著吹一次。經過一次、一次、再來一次的練習，育瑋漸漸可以吹完一首、兩首、三首曲子，陶笛也從六孔進階到十二孔，原本會不由自主流口水的習慣，經過調整也改善了。

二〇〇九年，育瑋進入台中特教學校就讀，音樂老師陳蔚綺發現這個孩

樂器，是許育瑋與外界溝通的語言，藉此實現自我，也感動他人願意相信，只要努力，就可能擁有更精采的人生。

子不太說話，多半躲在角落，很容易忘了他的存在。奇妙的是，只要一播放音樂，他就開始手舞足蹈，眼神發亮，像變了個人似的。

後來，陳蔚綺知道育瑋會吹十二孔陶笛，每週一次音樂課，她都會給育瑋一段表演時間，育瑋聽到同學掌聲，演出更加賣力；外賓來訪或到他校參訪時，育瑋也都代表學校表演，儼然是學校的「活招牌」。

敢堅持，多障孩子闖出一片天

多才多藝的許育瑋，不只會吹陶笛，也陸續學習數位吹管和電子琴。這些樂器，是他與外界溝通的語言。

能夠玩樂器、開心上台表演，對育瑋來說是一次又一次辛苦練習的累積，而這樣的成就也遠遠超乎育瑋父母的想像。

育瑋的表現愈來愈穩定，在各個比賽拿到好成績，陸續獲得「第三屆全國心智障礙者才藝大賽」中區第三名、「第三屆公益藝人選拔」中區第三名、「第三屆公益藝人選拔」中區團體組第一名。

他的卓越表現和生命力，也讓他獲頒二〇一二年總統教育獎、二〇一三年周大觀文教基金會第十六屆全球熱愛生命獎獎章、第十七屆身心障礙楷模金鷹獎、台中市模範生及優秀青年獎、台中特教校長獎、台中市百大優良街頭藝人獎等諸多獎項。

育瑋優異的表現，許多團體、學校慕名邀約，演出不斷。吳麗璧感動不已：「音樂不只改變育瑋和我們一家人的人生，也改變很多身障孩子！」看到育瑋這樣多障的孩子，能靠音樂闖出一片天，非常激勵人心。

一路走來，吳麗璧感謝不斷伸出援手的貴人們，特別是育瑋的音樂老師陳蔚綺，幫忙育瑋申請很多獎項，安排國內、外演出，讓更多人看見育瑋的努力。

二〇一四年三月，育瑋經由協會安排，受邀參加日本全國唐氏症大會演出，現場掌聲與驚呼聲不斷。吳麗璧說，協會造福許多像育瑋這樣的身障孩子，讓他們有不同的人生，「這是無比大愛！」

鼓勵他人，也被他人鼓勵

陳蔚綺發現育瑋強烈的表演欲和責任心，每次上台都要表現最好、不辜負每位觀眾，協會也幫助育瑋報考街頭藝人證照，而育瑋也成為台中特教學校和台灣身心障礙者音樂關懷協會第一位考上街頭藝人的學生，給學校學弟妹很大的信心和希望，深信「育瑋行，我們也行！」

即使演出時經常要站著一、兩個小時，育瑋從不喊苦，觀眾的掌聲與熱情，是他演出的最大動力。看到兒子的改變，吳麗璧很欣喜，「育瑋在街頭表演，鼓勵了很多人，同時也被很多人鼓勵。」

發揮善意的力量

在學校、慈善機構、台大、榮總等各大醫院及護理之家、觀護中心等地，經常可以看見育瑋的義演。有一次，他到觀護中心表演，面對著台下「刺龍刺鳳」的「大哥」觀眾們表演，演出結束後，有「大哥」走上前來，對他猛比讚，讓育瑋好高興。

有時，跟著育瑋到醫院義演時，吳麗璧也會趁機鼓勵看起來垂頭喪氣的患者，「你看我兒子這樣，我們都可以笑，你一定也可以。因為，你的病可能一年半載就會好，我們這是『一世人』都不會好。」

育瑋和育瑋的父母，都在運用善意的力量，希望感動更多人，樂觀積極面對人生。不要失志，明天一定會更好！

5

鍾方晨

只要有人因我的音樂而喜悅

長相秀氣甜美、個頭嬌小的鍾方晨，是一個自我要求甚高的女孩兒。她因為早產導致視網膜病變而全盲，世界卻沒有因此變得黑暗。

七歲時，她開始跟著陳蔚綺學習鋼琴和小提琴，一路成績亮眼，如今是輔仁大學音樂研究所的學生。她昂首邁開步伐，朝著「音樂家」的夢想前進。

上天開啟一扇窗

鍾方晨出生後，全盲合併癲癇、自閉等症狀，但在三歲時，家人發現她的音樂天分——聽過的兒歌，能用玩具電子琴彈奏出旋律。

「方晨還是小嬰兒時，家裡全天候播放音樂給她聽，她也很早展露對於

小時候，鍾方晨便渴望成為音樂家，也持續在夢想的道路上努力不懈。

樂音的天賦，」鍾媽媽張美玲說，方晨聽了卡通〈小叮噹〉的卡帶，就會模仿宜靜或大雄的聲音，也會彈出一些聽過的兒歌，音感驚人。

家人四處幫方晨尋找音樂老師，但面對一個全盲的孩子，很多老師打退堂鼓。

這樣的場景，一直持續到鍾方晨七歲時，陳蔚綺得知情況，願意收她，成為她的啟蒙老師，開啟了她的音樂之路。

用生命演奏的樂音

鍾方晨是陳蔚綺收的第二位全盲學生。在蔚綺老師眼中，她是個堅毅、不服輸的孩子。

當時點字樂譜還不發達，鍾方晨只能土法煉鋼。上課時，老師彈一段、她跟著彈一段，並將老師教的內容錄音，回家反覆聆聽、反覆練習，要學會一首曲子，時間比別人多好幾倍。

小學一年級開始，鍾方晨在陳蔚綺家學習鋼琴和小提琴，後來又學習手風琴。

「那時候方晨才三十公斤，」陳蔚綺說，這樣一個小小的孩子，要揹著將近十公斤的手風琴，瘦弱的身軀努力挺直腰桿，用生命演奏的樂音，聽了很難不感動。

看不見，但更努力

靠著勤練、以及對樂音的敏銳度，鍾方晨考上台中清水高中音樂班，成為清中有史以來第一位全盲生。她記得，進清水高中時，因為「史無前例」，特別受矚目。

有同學在日記寫道：「班上來了一個不一樣的同學。」不過，大家只是好奇，對她並沒有惡意。

音樂班老師對她說：「雖然妳看不見，還是要努力學習，盡量跟一般同學做到一樣好；如果考試時彈錯音，評審老師不會因為妳看不見而同情妳，要把錯誤減到愈少愈好。」

進入高中音樂班，老師對於各方面表現的要求嚴格許多，鍾方晨在倍感壓力、挑戰甚多之餘，也精進不少。

「練琴不只是手指頭動一動而已，」老師提點她，如果一味重複同樣的動作，會不知道自己錯在哪裡、需要修正哪裡，「練琴是要用腦去練、挑戰

二〇一三年，初次登上國際舞台，鍾方晨就在維也納拿下「第三屆國際身障鋼琴大賽」十八歲以下組第三名、視障組第一名、評審團特別獎等殊榮。

自己的極限，一再突破自己……」這些教誨，鍾方晨都銘記在心。

她告訴自己，雖然看不見，一定要更努力，表現出最好的一面！

二〇一三年，鍾方晨考取台灣藝術大學音樂系作曲組，她證明了自己的實力。

也在那一年，台灣身心障礙者音樂關懷協會首度率領選手參加在維也納舉行的「第三屆國際身障鋼琴大賽」。

眼雖盲，心中卻有一片澄明

十一月的維也納，氣溫低，加上時差，陳蔚綺很擔心選手的狀況，特別是鍾方晨很瘦小怕冷，上台又只能穿著單薄的禮服，「那雙凍僵的小手能好好發揮嗎？」

陳蔚綺記得，比賽當天會場廣播德文，大家「有聽沒有懂」，加上她忙進忙出無法顧及每位選手，分身乏術，「幸好方晨很冷靜，」知道自己是第二位要表演的選手，當第一位選手演出後，廣播「Chung fang chen」（鍾方晨的英文名字），鍾方晨脫掉披在身上的外套，從容上場，鎮定演出。

鍾方晨事後回想：「當時我一點都不覺得慌亂，只想好好表演。」

初次登上國際舞台，這場賽事，鍾方晨拿下A組（十八歲以下組）第三名、B組（視障組）第一名、評審團特別獎等殊榮，成績優異。

二〇一七年，鍾方晨從台藝大畢業，考取輔仁大學音樂系研究所，人生更上層樓。

發揮自己的影響力

小時候，鍾方晨的夢想是「當一個音樂家」，現在的她，離夢想愈來愈近，生活也能自理。張美玲說，女兒考上大學，就自己到台北生活，家人每次只送她到高鐵站，女兒真的很棒！

女兒的辛苦與努力，媽媽都看在眼裡。張美玲非常感謝女兒一路上遇到的貴人。除了每個階段的音樂老師，還有方晨早產住院、確診全盲時，當時的主治醫師送給她們《海倫．凱勒》這本書，鼓勵方晨可以走出不一樣的人生路。

音樂路上遇到許多好老師的提攜，鍾方晨感激在心，直到現在，她還保留著小時候跟著蔚綺老師學鋼琴的錄音，偶爾回放，忍不住會心一笑。

她聽見錄音帶裡的「小方晨」用稚嫩的聲音跟老師對話，也聽到老師不厭其煩、一次又一次教她。她想說：「真的好感謝蔚綺老師收我為學生，啟發了我的音樂之路，您是我生命中的大貴人！」

自立立人，鍾方晨有能力後不忘回饋社會。考取台中市街頭藝人證照的她，曾經利用假期到台中火車站、綠園道、百貨公司廣場等人來人往的公共場合表演，並且把她賺取的所得捐給母校清水高中，協助學校添購音樂班課桌椅設備。

現在的她，也會利用課餘時間，跟隨著蔚綺老師領導的台灣身心障礙者音樂關懷協會，一同到醫院、老人院公益演出。

「踏上音樂之路，讓我能夠更廣闊地接觸人群、回饋社會，」鍾方晨感恩地說，不管在哪裡演出，只要能影響一個人，因為聽到她的演奏而喜悅，就覺得很棒、一切都值得了！

6

楊紫羚
為自己而彈，彈出自己想彈的

一個豔陽天的下午，楊紫羚被阿嬤載到陳蔚綺老師家學鋼琴，陳蔚綺貼心地站在樓下，等候楊紫羚到來，領著她走過社區中庭、搭電梯，進到家裡。這個下午，師生兩人合奏著由楊紫羚改編的〈望春風自創曲〉，用鋼琴對話，默契十足。

多年來，楊紫羚跟著陳蔚綺學琴，兩人亦師亦友，彼此的關係早就如同家人一般。每週的這個鋼琴時段，對楊紫羚來說，既是精進琴藝，也是跟老師分享心事、談天說地的美好時光。

十六歲的楊紫羚，出生時因早產導致視網膜病變，只能感受到微弱的光線。上天開了她一個大玩笑，不過她不服輸，在逆境中發掘音樂天分，接受

「看不見並不黑暗，憂傷才會吞噬人心，」楊紫羚相信也期盼帶給人們溫暖。

音樂洗禮，雖說學習路上難免遇到瓶頸，但因為她不斷超越障礙，終於累積出小小的成績。

溫柔的力量使人強壯

「從小學一年級開始，紫羚跟著我學琴，現在已經是高二學生，時間過得真快！」陳蔚綺說，楊紫羚是典型盲生小孩，音感很好、記憶力很好，也認真；教她的曲子，她下次再來時都會練好。而且，除了琴藝，歌聲也很好，參加歌唱比賽屢獲佳績。

不過，楊紫羚的音樂之路並非一路順遂，她曾經想要放棄。因為視力障礙，她的學習之路跌跌撞撞——無法看譜，也不能像明眼人一樣看清雙手和琴鍵位置，每次彈到「大跳」的曲段，雙手總是擺不到正確位置，讓她幾度懷疑自己：「我真的可以嗎？」

但是「蔚綺老師總是無敵親切，」楊紫羚說，每次她不想彈了，老師從不動怒，反而更有耐心地鼓勵她再試一試。

即使一首曲子彈得坑坑巴巴，自己都感到心虛，老師也不發飆，只是問她：「妳是不是忘記練這首曲子？我就知道！」然後再重教一次。

就是這樣的溫柔體貼，讓楊紫羚又生出了堅持的力量，告訴自己「再彈吧！再練吧！」

每天「閱讀」七本書

對楊紫羚來說，蔚綺老師的家不只是個鋼琴教室。

小時候，她和哥哥一起去學琴，換哥哥學習時，她就默默在角落玩積木，或是在沙發上睡覺，如同自己家一般。就是這種熟悉感和安心感，在之後的人生道路上，遇到課業或一些煩心事，她總會跟老師傾訴，聽聽老師的建言。

在陳蔚綺眼中，紫羚是個「文武雙全」的孩子，愛音樂、愛閱讀，運動項目也很突出，總是挑戰自我極限，不輕易認輸。

楊紫羚就讀台中市仁美國小時，一頭栽進閱讀的世界；不像明眼人用看的，她讀書全部用摸的。四年級暑假，兩個月時間，她一共「摸」了四百三十五本點字本，相當於平均每天「閱讀」七本書。

不眠不休的閱讀，讓楊紫羚獲得二〇一二年全國視障學生閱讀競賽國小組閱讀達人的殊榮，也刷新視障閱讀達人的紀錄。

憶起往事，楊紫羚不禁佩服自己：「那時不知哪裡來的神力！」現在還是愛閱讀，只是不必費力摸點字了，有電子書可以讀、可以聽，相當便利。

練習如同明眼人般生活

楊紫羚也曾苦練游泳。視障生難免肢體協調能力及敏感度較差，剛開始學游泳時，光憋氣就很不容易，心裡有恐懼感，一直吃到水。她告訴自己：「不要怕、多練幾次！」終於，她游出傲人好成績。

十二歲時，她參加潭子區神獅盃小鐵人挑戰賽，和另外兩位視障生一起參加三鐵「天使組」，挑戰騎自行車五公里、跑步一點三公里，以及游泳五十公尺。當時，她花了二十六分四十五秒完成，這成績不輸給一般正常參賽者的前五名。這股克服障礙、努力不懈的精神，也讓她在二〇一五年得到總統教育獎的肯定與鼓勵。

逐漸長大的楊紫羚，開始認真思考未來的路。原本，她的志向是街頭藝人；上高中之後，想再繼續就讀大學音樂系。對於她的夢想，陳蔚綺都會幫忙規劃，希望她能朝著最心儀的方向順利前進。

楊紫羚說，從小學習鋼琴，樂器就像是她熟悉的朋友，陪她走過欣喜或悲傷。以後出了社會，除了音樂相關工作，如果有機會，也想嘗試當廣播DJ或心理諮商師，藉由自己的聲音或交談，幫助人們走出黑暗，「看不見並不黑暗，憂傷才會吞噬人心，」她相信自己可以帶給人溫暖。

這股溫暖的特質，從楊紫羚小時候就積極參加各項表演及公益演出能夠看出端倪，例如：二〇一二年台中市視障生家長協會贊動音緣音樂會鋼琴及伴奏演出、仁美國小慈善音樂會管樂獨奏演出、捷克波西米亞國際音樂大賽弦樂組鋼琴伴奏、台中市身心障礙者社區樂活補給站成果展烏克麗麗活動演出等，她都努力用音樂撫慰人心。

十六歲的花樣年華，楊紫羚彷若有一個遠勝於許多「正常人」的成熟靈魂。她曾經徬徨，問自己：「為什麼要學琴？彈琴有什麼意義？」在自我對話與碰撞後，終於想通了：「為自己而彈，彈出自己想彈的！」

現在，只要蔚綺老師號召，她就跟著老師所帶領的台灣身心障礙者音樂關懷協會一同義演。

「就算觀眾不一定都聽得懂，但是想到樂曲可以撫慰人心，把自己最好的一面表現出來，就有意義！」她尤其喜歡去育幼院表演，聽到小朋友純真的笑容與掌聲，在心裡不斷迴盪，就覺得無比療癒，升起更多力量。

SO FIT
NEVER
QUIT

第四部

從領收到分享

——文山區石頭湯

方法對了，生活就能不一樣。
放開心胸，盡己所能，
長輩也能活出自在與精采。

1 石頭湯不只一碗湯

「我以前是都是這樣摸蜆仔，手要伸長……」

「阿嬤，那妳教我們大家摸蜆仔的動作？」

七十歲的阿嬤，原本擔心手痛而不想運動，但在老師引導下，她憶起年輕時最喜愛做的事情，便是摸蜆仔。一提起回憶，她開心地教在座所有阿嬤摸蜆仔的技巧和動作。

這是文山區石頭湯服務站的日常，透過許多不同課程、分享，除了讓老人家有機會多動一動，也讓他們度過美好的時光。

文山區石頭湯的服務內容還不只如此。台北市立萬芳醫院在二〇一七年參與台北市政府社會局委託辦理的文山區社區整合照顧服務站，希望開設據點並設置服務專線，而文山區則是台北市第五處服務站。

不過，主導這項計畫的萬芳醫院預防醫學部組長楊舒琴希望，這項計畫能融入「石頭湯」真正的精神，實現在地老化，做到「社區人照顧社區人」。事實上，文山區石頭湯也是目前全台北市最具有社區整合照護意識跟行動的站點。

從三個義大利士兵的故事說起

「石頭湯」一詞，源自三位義大利士兵的故事。

在某個兵荒馬亂的年代，三個義大利士兵進到一處陌生村莊，飢腸轆轆，挨家挨戶敲門希望要點東西吃，但在戰亂人世，大家打開門看到三個彪形大漢，便急忙搖頭拒絕。

三位士兵思索著該怎麼辦才好，靈機一動，拿著身上背的鍋子，走到溪邊，將鍋子洗一洗、加了水，打算煮湯。

村民對士兵的舉動感到好奇，便前去一探究竟。

這時，士兵開口說：「可以給我們三粒光滑圓潤的石頭嗎？」

石頭，不是糧食，沒問題！於是，村民搬來石頭。

接著，士兵又說：「如果有一截紅蘿蔔就好了，湯會變得更鮮美！」

結果，真的有村民拿來一小截紅蘿蔔，接著又有人拿來洋蔥……

每樣東西的分量雖僅少少一點，但全都丟進鍋裡，也夠煮出一鍋湯，還能分享給村民。

四個核心元素

「這個故事潛藏的意義，跟我們想要做的事一樣，」楊舒琴解釋，故事裡有四個核心元素：

第一個核心元素，在地。身逢戰亂時期，丟進湯裡的東西一定是在地食材，不會是進口食材。

第二個核心元素，資源。每家每戶丟一小截食材到湯裡，代表每個社區成員都有提供資源的能力。

第三個核心元素，整合、融合。所有食材在鍋子裡熬煮，逐漸融合。

第四個核心元素，分享。最後，這鍋湯分給所有人，即使你只是丟了半根紅蘿蔔，但獲得的不只是原本的紅蘿蔔。

當時台北市市長柯文哲認為，這項計畫符合「石頭湯」故事的意義，便

文山區石頭湯整合了居家、醫療到居家環境改善等九項服務，連結醫療與生活照顧。

以此命名。楊舒琴說，萬芳醫院團隊也是接下任務後，才實際瞭解何謂「石頭湯」，並且進一步，希望發揮石頭湯的意涵，甚至擴大意涵。

萬芳醫院團隊陸續整合了居家服務、醫療到居家環境改善等九項服務。楊舒琴說，從進入站點的家屬與病患身上發現，整合資源提供人們真正需要的內容非常重要，因為有些人需要的不僅是醫療服務。

一站式服務，連結醫療與生活照顧

石頭湯計畫執行的第一年，幾乎所有服務內容全由萬芳醫院提供，楊舒琴解釋，起初社區其他資源尚未進來時，醫院團隊先從院內能提供的資源做起，所以，站點裡的九項服務均由萬芳醫院提供。

楊舒琴形容，醫院就像這三個士兵，初期只有一個空鍋；後來，團隊開始設法進入社區服務站，而所設的站點如同士兵的空鍋，收納社區裡個人、團體與鄰里分別投入的資源。

當資源凝聚，就會形成一種力量，團隊再將資源重整，轉換到在地人，尤其是需要長期照顧的人身上，如同逐家逐戶分享熬煮過的湯，萬芳醫院團隊「幸福來這坐」的概念也就此成形。

楊舒琴說，後來，因為要銜接長照二．〇，需求量不斷增加，甚至提供的服務內容遠遠超過原有的九項，光靠醫院無法維持。再加上，石頭湯計畫的核心概念本就是社區照顧社區，因此，醫院團隊開始拜訪基層診所，若診所醫師願意做家訪，或治療所的物理治療師、職能治療師也願意投入資源，就能一起合作提供更多元的服務。

主動出擊，把資源帶給需要的人

楊舒琴談到，一站式服務是以病人為中心，病人或家屬有任何疑問，到了站點，便會有專業的護理師等人向其說明目前的資源，以及政府政策等內容；如果病人需要健保，來到這裡，團隊也能協助引進健保資源；如果需要長照二．〇的政府補助或其他補助，也可以協助引入。

「不能被動等待、必須跨出去！」她進一步解釋，若只是一個站點的位置、一支專線，無法吸引大家前來，因此，萬芳醫院團隊決定主動出擊，在設計的傳單中放上「幸福來這坐」，不僅要吸引人來到站點，更要讓他們在這裡感受到幸福，進而願意將資源帶入站點。甚至，她期待，曾經來到站點的人，離開時，能成為社區種子，將訊息傳遞給更多需要的人。

物理治療師帶著民眾做運動，增加肌肉的力量，並教導大家如何做得好又做得安全。

楊舒琴說，走進服務站的人，沒有年齡限制，例如：小學生，他們也有自己的資源，當知道服務站的存在，一旦剛好看到鄰居阿嬤拄著枴杖，他就能將傳單拿給鄰居或放到信箱，而這位小學生也等同投入了資源。「幸福來這坐」是一個策略，先讓社區的人知道服務站的存在，瞭解其功能。

角色可以轉換

目前政府或相關單位在社區設有關懷據點，不過，萬芳醫院社區醫學部事務員馮芷筠認為，文山區石頭湯所做的，與一般單向的關懷不同，「我們是雙向的，也就是希望個案的角色可以轉換。」

她舉例，原本接受居家服務的個案，當他的健康功能逐漸好轉，可以前去石頭湯站點。如此一來，不僅個案本身參與各種活動、融入社區，還能扮演社區種子，協助傳播石頭湯的服務內容與資訊；甚至某一天，他的親友需要這些資源時，他便可以提供協助。

換句話說，並非所有前往站點的民眾，均會用上長照等資源，而是藉由經常參與活動，更瞭解站點的服務內容與功能，當有一天自己成為需要被服務的對象，也能充分表達需求，找到適合的資源。

文山區石頭湯成立後，楊舒琴說，很多個案進到服務站詢問，護理師等成員會依照個案狀況，安排至個案家中訪視以瞭解狀況，或直接協助銜接民間或政府資源，例如：很多鄰里長舉辦老人互動、關懷等活動，設置老人關懷據點、共餐據點等，只是欠缺整合，而萬芳醫院團隊就是整合資源平台的單位。

盤點目前合作的長照網絡，楊舒琴指出，大約有六十七家；而評估、盤點在地資源，不斷擴充資源庫，將可提供資源的單位劃入文山區的版圖範圍，之後就不需要以萬芳醫院為中心，而是以個案為中心。

例如：無論個案住在哪裡，服務站的護理師只要打開地圖告訴家屬，「其實你家附近就有一個據點，屬於什麼性質……」如果個案屬於老老照顧，連煮飯都沒辦法，也可以透過地圖，告訴他們住家附近有哪一個共餐據點，或是有志工可以送餐到個案家中。

居家護理師全時段進駐

楊舒琴說，服務站的諮詢人員必須有能力解決民眾的問題，因此，文山區石頭湯的另一項特色是，服務站全時段由居家護理師進駐，因為擁有居家

面對面，一起畫，筆尖就是眼睛，文山區石頭湯「藝起來」帶動長者們畫出身體的專注力。

表1：文山區石頭湯九大服務

服務項目	服務內容
1 走動式居家服務	由居家服務員提供彈性、定點、多次的身體照顧、生活家務。
2 照顧諮詢及長照資源諮詢	提供照顧及資源諮詢服務。
3 營養餐飲	由營養師提供營養評估，並提供送餐到府服務。
4 居家護理	由護理師提供到府傷口護理、導管更換及護理指導等。
5 居家醫療	由醫師提供到宅健康評估、居家往診服務。
6 居家藥師	由藥劑師提供用藥評估與諮詢等用藥安全指導。
7 居家復健	由物理、職能及語言治療師提供居家復健評估、指導。
8 輔具及居家環境改善服務	從評估、補助申請到購買、修繕施作、驗收全程協助。
9 志願服務	提供簡易家務協助、居家陪伴、陪同外出等。

資料來源：文山區石頭湯

護理、醫療的專業背景，民眾只需要打電話或前往服務站，便能獲得專業資訊，或連結政府相關單位資源。

萬芳醫院社區醫學部護理師黃佳音表示，文山區石頭湯站點一開始便有護理師進駐、專線也由護理師接聽，「這是與其他區域石頭湯最大的不同點，無論是家屬或病人來到這裡，除了申請長照相關服務或有任何照顧上的問題，包含生活大小事，都有護理師協助解答。」

她說明，護理師會評估個案狀況，一方面結合萬芳醫院的居家護理，若需要護理師到個案家中更換管路等，便會安排前往個案家中探視；而不需要更換管路的，也可以轉介居家服務員或備餐等服務，依照個案情況給予必要資源；若個案需要長照資源，也會協助他們申請長照二・〇服務。

多元管道，減輕家屬負擔

除了長者或病患，承擔照顧之責的家屬，也同樣需要被關懷。

一位八十多歲、輕微失智的阿嬤，因家屬輾轉得知文山區石頭湯的活動，經常由外勞或家屬帶她前往參加活動，例如：跟著老師帶動舒展手腳，或開心唱歌，和老師及其他年長者互動，心情也變得開朗。但有陣子，她卻突然不再參加活動。

長輩年紀大了，會不會跌倒或發生什麼意外？石頭湯的同仁憂心阿嬤安全，一通電話打過去，才知道阿嬤因小中風住院，再加上原本的外勞逃跑，如何照顧阿嬤頓時令家屬十分煩惱。

還好，這時護理師及時提供家屬訊息，告知他們，在沒有外勞的這段時間，可先申請長照居家服務或喘息服務，幫家屬度過空窗期。

黃佳音說，做為病患及家屬的諮詢站，盡量提供多元管道，減輕家屬的照顧負擔，是站點很重要的功能之一。

就近評估

護理師進駐文山區石頭湯還有另一項優點，就是在站點裡便能做身心障礙評估。

萬芳醫院社區醫學部個案管理師陳琬瑜解釋，依據新的身心障礙手冊申請規定，符合資格者，要向區公所申請時，除了醫師評估之外，還必須由醫事人員進行日常活動機能評估。這樣一來，病人必須跑兩趟醫院。

然而，若站點護理師均具有執行鑑定的資格，住在站點附近的居民就不用大老遠跑去醫院，而可直接到站點鑑定身心障礙程度。

黃佳音進一步說明，當個案到站點做身心障礙鑑定時，他會認識石頭湯，護理師也可藉此機會更瞭解個案的生活狀況，向個案介紹長照等資源。往往，個案這時才發現：「原來我符合申請長照資源的資格！」

讓年長者享受最後的快樂回憶

一位八十多歲罹患巴金森氏症的阿嬤，就是到站點申請身心障礙評估，進而認識了石頭湯。

陳琬瑜回憶，阿嬤家住在站點附近，因脊椎受到壓迫，必須穿著背架，行動不方便，多數時間坐著輪椅，由外勞協助料理生活起居。可是，她雖然已申請外勞，卻無法使用居家服務，得知站點經常舉辦許多活動後，阿嬤也很樂於參加。

阿嬤的女兒說：「媽媽原本就很喜歡參加社區活動，只是身體逐漸退化，行走不便，長期待在家中。」但到站點做身心障礙評估後，黃佳音與團隊鼓勵阿嬤在身體狀況允許下，多到站點和大家互動，後來便經常看見外勞推著她去參加活動。

陳琬瑜說，雖然阿嬤的腳行動不便、手抖，但她依舊開心和大家歡聚，不管做蔥油餅、綠豆糕，她都會在一旁協助。儘管阿嬤後來因病過世，但大家都很高興她在過世前能享有快樂的回憶。

幸福二・〇，凝聚擴散的力量

楊舒琴說，很多老人家都有特殊專長，服務站等於是他們的「秀場」，不僅能獲取資源，也能分享他們的能量。換言之，就是透過互動、分享，吸引更多人瞭解社區整合照顧議題。

趁著提供居家護理服務時，萬芳醫院會告知民眾文山區石頭湯的長照諮詢與服務站點，也讓個案及家屬多向需要的鄰居、朋友宣傳。

馮芷筠說，團隊成員也會規劃社會宣導活動，例如：學校、鄰里長會議、志工訓練大會，以演講等方式宣傳，甚至在人來人往的街口，像是木柵市場等處，透過各種管道，讓大家知道有這個站點。

文山區石頭湯除了透過站點平台，讓社區民眾瞭解長照，以及協助提供、轉介適當資源，更重要的是「幸福到身旁」的目標，也就是由個管師針對個案，擬定完整且適合個案的計畫，利用長照二・〇等資源服務，幫助個

長照專業人員進駐社區，整合居家醫療等九大服務，連結長照資源，以求提供更妥善的照顧。

文山區石頭湯的設立，是希望將失能者照顧與醫療服務從醫院延續至社區家中，讓照顧與服務不中斷。

案擁有生活自理等能力。

依個案需求規劃不同服務

陳琬瑜說，石頭湯個管師會開發兩種長期照顧需求的個案：一種，是具有潛力的個案，透過長照二．〇提供的職能、物理治療等服務，以三到六個月時間密集介入，個案有機會恢復生活自理能力。

另一種是石頭湯護理師、個管師等團隊深入社區，找出有長照需求的個案，例如：從社區、醫院病房、鄰里長等管道，或是個案到石頭湯做身障鑑定，順便評估個案是否有長照需求，進而帶入服務。

不過，石頭湯站點的個管師，主要目的是篩選出「有進步潛力」的個案，和居家護理的訪視功能不同。

有潛力進步的個案，未必能復原到生病前的狀態，但至少可達到某種程度的進步，或進步到讓家屬能減輕照顧的負擔，而個管師設計的目標，也會因個案狀況而有別。

舉例來說，患者因生病住院，或因年紀大而身體退化，但評估發現，可以透過一些復健或正確的營養健康知識而逐漸改善、避免失能；甚至，個案可能需要其他資源，此時，個管師介入協助，給予多次或多方資源，像是安排復健或幫忙找補助，讓個案在短時間，如：三個月內，便獲得改善。

黃佳音解釋，個管師會針對篩選出的個案擬定詳細的照顧計畫，除了居家護理、居家復健等長照服務，個管師還會透過石頭湯計畫給予加值服務，例如：有些個案的心願是，想要站起來，或在腳或手的功能上達成可以自己照顧自己等目標，個管師便會規劃完整計畫，協助個案達成心願。

至於居家護理服務，黃佳音說明，是由萬芳醫院社區醫學部找出符合資格而且需要長期護理的個案，主動提供服務，一直到個案不再需要為止。

看見幸福，把愛傳出去

根據萬芳醫院資料顯示，二〇一八年文山區石頭湯的四十八位個案中，有七五%的個案在個管師介入後，日常生活依賴度（Activity of Daily Living, ADL）平均分數從二八．三七分，提升至六十分。

不過，陳琬瑜說明，目前台北市文山區的失能人口推估近一萬人，現有使用長照服務的人口卻不到兩成，可見有許多需要長照服務的個案，隱藏在社區中，而找出這些個案也是文山區石頭湯團隊的重要目標。

透過有系統的規劃，年長者也能擁有快樂、尊嚴的老後。

分享資訊給需要幫助的人，年長者也能對社區鄰里有重大貢獻。

要實現理想，不能只靠辦活動吸引人前來，因此，萬芳醫院團隊緊接著推出「幸福到身旁」的理念。

從「幸福來這坐」演進至「幸福到身旁」，策略變化但初衷不變，都是以文山區石頭湯為出發點，透過辦活動、鄰里宣傳等各種方式，讓社區民眾瞭解更多有關長照服務的資源。

萬芳醫院團隊希望，未來，能有更多社區資源、社區民眾投入，一起守護社區長者，減輕家庭照顧的沉重負擔。

楊舒琴談到，服務站也扮演資源整合的角色，因此，團隊成員從一開始就積極拜訪社區中的各項資源，包括：基層診所、藥師、復健，甚至與生活相關的餐飲、環境改善等服務，並告訴他們如何透過整合，提供社區民眾更完善的服務，以及如何結合長照二．〇。

每個人都有能力協助他人

台灣人常將老人定義成病人或失能，誠然他們有部分生活需要仰賴他人協助，但在某些方面，老人家也能貢獻所長，幫助他人，例如：他可以告訴鄰居服務站的功能，讓更多人走進服務站，瞭解服務內容或投入資源。

「不僅自己恢復得愈來愈好，同時也能成為服務社區的人，」楊舒琴說，「我們想要逆向回來做這件事。」

即使只是一個小小的貢獻，都可能創造極大效益，「失能者不再只是失能者，」楊舒琴說。

共創友善社區

文山區石頭湯推出許多活動，每次活動時程一出來，很快就會報名額滿，但馮芷筠認為，「那並非好事，因為這種情況代表，也許是活動辦得不夠多，也許是社區的需求量太大，而站點在文山區卻僅有一處。

最理想的運作方式，不是萬芳醫院獨力照顧所有社區人，而是讓社區人均能就近在他的生活圈獲得照顧，「我們需要把資源再做一次串整，」馮芷筠說。

當社區發揮自己的功能，站點才能在文山區遍地開花，成為完整且永續的循環。不過，這個想法光靠政府及萬芳醫院無法做到，何況政府補助本就有限。

要落實萬芳醫院團隊對文山區石頭湯的心中藍圖，需要注入更多力量。

幸運的是，楊舒琴談到，張炎虎基金會十分認同萬芳醫院團隊對石頭湯的規劃與願景，從計畫一開始便贊助經費，讓文山區石頭湯的護理師、個管師，無論訪視的交通費或辦活動的經費，均免於捉襟見肘；也因為基金會的投入，發揮拋磚引玉的效果，帶動社區人願意投入人力與物資，大家一起守護社區中需要幫助的人。

楊舒琴進一步說明，張炎虎基金會本就致力於老弱殘、家庭弱勢，且鎖定文山區，這與文山區石頭湯的目標，在某些地方是契合的。因此，基金會除了經費贊助，也經常參與石頭湯的活動。

讓社區人守護社區人，正是萬芳醫院團隊當初對文山區石頭湯設定的目標，進而共創友善高齡、友善失能者的社區環境。

2

馮芷筠

讓長輩回到過去，走向未來

如果記憶停留在過去，要用什麼方式走完人生？

「這個貢丸要切這樣、菜先挑掉黃的、洗乾淨……」六十多歲的阿嬤在馮芷筠的引導下，當起了烹飪老師，而其他長輩們則成了學生，大家圍在老師身旁，你一言、我一語：「老師，這樣切可以嗎？」

用往日長才拾回人生熱情

擔任烹飪老師的阿嬤因為出車禍，導致左手不太能動，走路較慢，不敢大步走，經常一個人在家，或跟著女兒到公司上班，在朋友介紹下得知文山區石頭湯後，女兒經常帶著她參與課程活動，但她本身沒有嗜好或興趣，參與活動也提不起勁。

直到有一次，馮芷筠和阿嬤聊天時知道，阿嬤原本開自助餐店，平日工作很辛苦，但言談間卻能感受到阿嬤對烹飪的熱情。

「我來寫菜單煮菜好嗎？」

馮芷筠說，阿嬤突然說想要開菜單煮菜，看著阿嬤眼睛發亮，她趕緊準備紙筆。

不過，阿嬤寫著寫著，手會不停顫抖，於是她說：「阿嬤，你念菜單，我來寫！」

馮芷筠形容，阿嬤「點菜」的架式十足，像個大老闆一般指揮若定。

最後，阿嬤興奮地說：「下次來煮貢丸湯！」

留心最重要的小事

為了讓阿嬤找回過去當自助餐店老闆的感覺，馮芷筠與站點護理師、志工等人忙碌張羅，準備開一堂烹飪課，並且邀請幾位素來個性隨和的長輩充當學生，大家說好要讓「烹飪老師」盡情發揮。

就這樣，大家圍著阿嬤：「妳今天是老師喔，要教我們怎麼煮出好喝的

馮芷筠（下圖右）認為，長照領域需要串整資源，無論對家屬或患者都要用心關懷。

貢丸湯！」

「這個調味要先放，」阿嬤精神抖擻，一步一步教著大家。

看到阿嬤的笑容，馮芷筠笑說，這雖然是很小的設計，但是對很多長輩來說，卻是非常重要的事。

重塑生活核心

說起文山區石頭湯設計的用心，「這裡是長照資源的整合與轉介平台，除了長輩或病患本身，還擴大到患者與家屬生活上的大小問題，」馮芷筠提到，之所以如此，是由於「照顧者承受很大的壓力，對家屬的關懷也是極重要的一環。」

馮芷筠說，有位阿姨長期照顧罹患失智症的丈夫，常和外傭一起帶丈夫到站點參加活動，但因兒子長年在國外生活，丈夫十分仰賴阿姨的照顧，還經常發脾氣；後來，丈夫狀況持續惡化，且出現精神方面的問題，兒女經過商討，決定將他送到精神療養的醫療機構。

原以為那位阿姨會因此輕鬆許多，沒想到阿姨卻因突然家中僅剩下她一人，生活頓失重心。

過去，忙於照顧失智丈夫的阿姨，日常最重要的工作是到站點，和護理師等人討論或詢問如何照顧丈夫；如今，生活重心突然抽離，日子變得空洞；再加上，之前的照顧壓力導致阿姨長期無法睡好，出現憂鬱症狀，如今情況變得更加嚴重。

馮芷筠說，志工及護理師每次碰到那位阿姨，便不斷請她到站點和大家聊天、做活動，幫助她慢慢走出家門；尤其若有關於憂鬱症藥物的使用或劑量等疑慮，護理師也會給予建議，請她再回醫院調整。

有時候，社區鄰居知道哪裡有共餐服務，也會約阿姨一起參加石頭湯的活動，等活動結束再一起共餐。現在，阿姨的情緒已經較為平穩。

發現自己並不孤單

老家在宜蘭的馮芷筠說，來到台北工作後，發現都會區家戶之間的連結沒有鄉下深，還好有文山區石頭湯，一方面讓社區居民，尤其是長者，有個結識朋友的地方，不再每天單獨窩在家中，而站點的護理師或志工等，也有機會將長照等訊息，透過他們逐漸傳遞出去。

為了讓更多民眾瞭解這些服務，文山區石頭湯設置了服務站點與專線電話，處理民眾提出的長照相關問題；站點人員不僅專業，也專注小細節，盡量瞭解家屬、病患或長輩的需求，只要他們願意參與，就有機會幫助社區裡需要的人，甚至延緩長輩失能的情況。

馮芷筠談到，站點所提供的協助，主要以患者或長者能否走出家門為依據，例如：長者無法出家門，可能就需要外部資源幫忙，此時居家護理師會前往個案家中瞭解狀況，並將其轉介至適合的地方。

如果個案可以自己出家門或坐著輪椅出門，他需要的可能是多與外界接觸、讓生活更豐富，此時便會鼓勵長者前往站點參加活動；而沒有活動時，也能到那裡交朋友、聊天。

馮芷筠提起，一位七十多歲的失智阿嬤，因為車禍碰撞頭部，很多事情記不清楚，但與人溝通沒有問題，且個性開朗，除了自己喜歡參加站點活動，當有其他失智長輩出現在站點，她還會主動和他們交談，讓新來的長輩很快融入。

「這種效應無法一下子看出來，但這位阿嬤在不知不覺中，成了很重要的帶領者，」馮芷筠說明，阿嬤引導其他人一起參與，讓更多長輩重新恢復社交，感覺自己並不孤單，這也是文山區石頭湯的重要理念。

3

陳琬瑜

幫失能長者回歸社會

「李奶奶，最近有繼續復建嗎？」陳琬瑜前往八十六歲李奶奶家訪視。聽到她的問候，李奶奶一邊自己手撐著助行器行走，一邊說著：「每天要我一直走，很累！」李奶奶雖在抱怨，卻面帶著笑容。

二〇一八年十月，李奶奶因顱內出血緊急送往萬芳醫院，接受檢查、開刀，但因顱內出血引發後遺症，導致失智、全癱。

李奶奶的大女兒、六十六歲的李美櫻形容，醒來後的母親，幾乎就像個零歲的孩子，只能躺著，生活無法自理，必須依靠家人幫忙洗澡、餵飯……，連心智也像個剛出生的孩子。

在醫院住了一個多月，李奶奶準備出院返家，李美櫻說，雖然她一直與母親同住，但身為中醫師的她，平時工作忙碌，十分憂心母親回到家後的照顧問題。後來，是陳琬瑜告訴她，要安排出院準備會議，並請家中的主要照顧者參與討論，也讓他們瞭解返家後的照顧問題。

陳琬瑜認為，李奶奶在開刀前，除了長期有憂鬱症問題，身體各方面都很健康，生活起居毋須旁人操心，若能接受物理治療師、職能治療師的訓練，有很大機會恢復，至少達到生活自理的目標。

復能，生理、心理雙管齊下

與家屬溝通後，陳琬瑜開始協助李奶奶的家人申請長照二．〇資源，從職能治療、物理治療開始，先讓李奶奶能下床走路、訓練肌耐力。現在，李奶奶已經能靠助行器到家中前院走走，活力十足，且吃飯、上廁所等生活日常也能自行處理，日子過得更有品質與尊嚴。

看到李奶奶身體逐漸恢復，陳琬瑜邀請心理諮商師介入，希望能改善李奶奶的憂鬱症。後來，家屬也發現，其實母親需要的是有人和她談心、說話，陳琬瑜便請他們到文山區石頭湯參與活動。

「我媽媽很喜歡去石頭湯，有人一起講話、活動，她今天下午就在那裡參加活動筋骨的課程，」李美櫻笑著說，當時她和妹妹都苦惱著如何照顧生病的母親，沒想到竟能有奇蹟般的復原！

她更稱讚說，萬芳醫院、文山區石頭湯的個管師及其他成員，都是「稀有動物」，很多家屬對自己生病的父母親不見得有耐心，但這些個管師不僅有耐心，還很專業地安排許多復健方式。母親能恢復到不需要他們操心，生活自理，讓他們非常感動。

追蹤，家屬也需要關懷

二〇一七年文山區石頭湯一年的績效個案是四十位，必須有效介入且個案存活（服務中死亡不列計），到二〇一九年已增加為六十位。

陳琬瑜解釋，個管師花很多時間在家訪與資源聯繫，有時短短三十分鐘的個案訪視，回到辦公室後，得花兩、三小時，處理包含聯繫與協調適合的資源，安排個案開始接受復建課程等事宜。

此外，陳琬瑜說，對個案家屬的關懷，也是個管師關注的一環。

許多家屬在工作、家庭與照顧患者上，蠟燭多頭燒，承擔很大的壓力。協助家屬紓壓，並幫助他們找到更輕鬆的照顧方式，也是文山區石頭湯的重

透過各項服務與活動，幫助長者或患者有社會參與的機會，協助長者復能，才是對未來最有價值的事。

要任務。

「在沒有追蹤的狀態下，個案很可能在原地打轉，復原得慢，」陳琬瑜認為，並不是將所有資源一下子全部給個案使用便是最好的方式，而是要先瞭解個案使用的狀況，以及個案是否獲得改善或進步。尤其，現今長照資源多，到底哪些資源可用？

陳琬瑜說，為了瞭解每一項長照資源的狀況，個管師必須針對每一項資源嘗試、追蹤，瞭解到底這項資源是否適合推薦給民眾。

落實，提供最合適的資源

以李奶奶的案例來說，陳琬瑜轉介李美櫻到家庭照顧者相關支持團體，是因李奶奶長期受憂鬱症所苦，家屬照顧壓力大，需要陪伴與紓壓；而轉介家屬參與這些團體後，陳琬瑜也會陸續追蹤這些團體是否確實關懷個案家屬，或是家屬使用這項資源服務的回饋。

尤其，若是老老照顧或獨居老人，更需要有人替他們把關各項長照資源的好壞。一旦個管師沒有持續追蹤，這些個案可能根本不懂復建治療師等服務是否真的適合自己。

追蹤非常花時間，且許多單位無法做到詳細追蹤，但陳琬瑜說，既然要做，就應該讓個案真的看到復能的機會，才不會浪費社會資源。

個管師的功能便在於做好個案管理，除了擬定照顧計畫、監測追蹤服務使用情形，同時也是個案與家屬的照顧者、諮詢者、代言者，更是專業團隊與個案間的協調者。

「服務個案的工作，不是單純給予資源就好，更重要的是追蹤，」陳琬瑜強調，被選為列管個案後，要追蹤的項目，包括：縮短使用長照服務的天數、減少個案跌倒的次數、減少非預期就醫次數、延緩失能程度、幫助個案進步，目的是評估這項資源適不適用，也為了替團隊找到最適用的資源。

然而，「只有這樣還是不夠，」陳琬瑜說，有一個新的名詞叫做「復能」，與石頭湯個管目標不謀而合。

照顧的意義在為未來鋪路

陳琬瑜舉例談到，有位長者原本行動自如，卻因跌倒骨折、膝關節開刀、中風等因素住院，甚至肢體癱瘓、無法走路。對於這樣的情況，個管師會評估他復能的可能性，尤其是要瞭解長者與家屬的配合度及決心，若是家屬支持，團隊才有辦法積極介入，並在短時間內將各種專業人力與服務帶到個案身邊。

「投入資源之前，與家屬間建立信任感很重要，」陳琬瑜說，執行前會先邀請家屬一起召開家庭會議，目的是讓家屬對團隊敞開心胸，並將面臨的難處告知團隊，而團隊也會擬定計畫，一一向家屬及個案說明如何進行。

她指出，文山區石頭湯團隊讓社區整合照顧服務計畫更細緻化，將接受長照服務的個案再連結回到社區的石頭湯，因為團隊有一個很重要的觀念：「復能」之後，如何預防失能？最好的方法，就是「社會參與」。

提高社會參與

「我們在做的，是幫助長者或患者有社會參與的機會，」陳琬瑜坦言，這項工作並不容易，因為不少長者或患者可能有憂鬱傾向，拒絕跟人接觸，所以，石頭湯站點也是讓他們提高社會參與的最佳平台。

陳琬瑜說，長者失能後，如同活在黑白世界裡，但北歐等國透過良好的長照制度，老年人一樣可以有自由揮灑的天空，台灣的失能長輩也不應該自我封閉在家中。

她認為，團隊最終目標是替未來鋪路，因為當失能長者得以復能，受惠的可能是背後好幾個家庭，不但可以減少家庭成員的煩惱與社會成本，還能減少門診次數等資源消耗，這也是文山區石頭湯的重要目標。

4

黃佳音

落實預防醫學的理想

「在這裡，可以落實預防醫學的理想！」黃佳音說，她一直很想投入公共衛生領域。

長年從事臨床工作的她，看到生病的人因照顧不佳而無法康復，甚至失能，往往令她感到惋惜。但在站點裡，直接給予社區民眾許多資源。「事先的預防或較好的照護，都是為了避免患者失能，」黃佳音解釋，站點存在最直接的影響就是，社區民眾有任何問題，均可以前往詢問，一對一解決他們的問題。

另外，站點設計的課程或活動，不管是分享家或是醫院講師去上課，都是希望提升患者的健康適能，例如：物理治療師上體育課時，先以簡報講解人體功能、肌肉如何運作，再搭配實際的運動，讓家屬及長者或病患瞭解，為何要運動某一肌群，也讓他們記憶更為深刻。

重新走入社交生活

一位從三歲就開始勾毛線的阿嬤，成為服務站的分享家。她將自己勾毛線的樂趣與專業，一一教給其他有興趣的阿嬤。後來，她的臉上流露出以往沒有的自信，跟著學習的阿嬤也一臉認真，專注異常。

阿嬤們戴上老花眼鏡、圍成一圈，在老師的教導下認真學習。「我這一針勾這邊對嗎」、「這一針再過來一點」……，學員之間也不時分享自己勾出的作品。

在這裡，不論個管師或護理師，都可以比在醫院臨床上，更有時間整體評估、指導病患與家屬，同時也能有時間傾聽、瞭解照顧者的心聲。

四、五位阿嬤與社區民眾聚在一起玩桌遊，大家你來我往、有說有笑，玩得不亦樂乎。而教大家玩桌遊的，是一位罹患癌症的病友，起初來到服務站是尋求照護等資源，但在護理師發現他很喜歡玩桌遊後，便力邀他擔任分享家，教大家玩桌遊同樂。

事先的預防或較好的照護，都是為了避免患者失能，黃佳音（上圖）相信，在文山區石頭湯可以落實預防醫學的理想。

這就是萬芳醫院團隊希望推展的方向，民眾的角色是能夠變動的，也許一開始必須接受幫助，但有機會也能成為分享家。

文山區石頭湯服務站成立兩年多以來，萬芳醫院陸續整合社區資源，讓專業護理師、個管師等人員進駐。不過，最重要的還是讓服務內容可以廣為周知，因此，他們的策略是，設計不同課程，吸引民眾主動參與。這個概念，也讓石頭湯成為與其他區域服務站格外不同的亮點。

預防醫學非常重要，而這裡做的正是落實預防、延緩失能，因此，除了提供大家完整的長照等資源及訊息，也透過各種活動，拉近彼此的距離，從接受幫助到進而分享能力與資源。

「這裡是個充滿溫暖、讓人安心的地方，」黃佳音說，「我們希望讓社區民眾感受到安心與溫暖。」石頭湯的用心沒有白費，執行一段時間後，果然許多人從此成為分享家。

5

許心怡

帶著阿公、阿嬤舞動青春

「阿嬤，你以前最喜歡做什麼事？」

「我年輕時最常去摸蜆仔！」

陽光燦爛的午後，文山區石頭湯站點裡，分享家許心怡帶領著七、八位長者「動手動腳」，他們圍在一起，認真學著摸蜆仔的分解動作——兩隻手指假裝拿起蜆仔，再丟入一旁虛擬的簍子裡。

這是許心怡經常帶著阿公、阿嬤做的活動，她稱之為「舞動青春」。

把故事變表演

老家在高雄的許心怡，三年前嫁到台北木柵，二〇一九年年初剛好經過文山區石頭湯站點，出於好奇而走入、瞭解，進而成為一位「分享家」。

許心怡得知站點採互動分享方式進行，希望社區人也能加入，因此，她利用自己的舞蹈專長，融入戲劇的趣味，在站點開課，引導長者們先分享自己的小故事或過去喜歡做的事，再把這些故事轉換成表演，帶著大家一起做動作。

「長輩的故事很多，他們其實很想表達，只是沒人想聽，只能悶著。因此，我透過課程慢慢引導他們，分享自己的故事，」她說。

這位喜歡摸蜆仔的七十多歲阿嬤，她一開始不太投入，直到請她分享時，她講起自己年輕時經常摸蜆仔，原本她因為手抖而不喜歡活動手部，但一提到摸蜆仔，頓時眼睛發亮。在許心怡引導下，她仔細告訴大家要怎麼做動作，分解每個細節，如同回到三、四十歲時的光景。

每位長者都是人生的老師

曾有位中風的阿嬤，一開始，請她分享或做動作，總是沒有特別反應，但有次這位阿嬤卻告訴專員，請他們轉告許心怡：「我很想跟著做動作，只是中風沒辦法做！」

家庭照顧功能萎縮，國家介入照顧老人，但資源終究有限，社區人照顧社區人，才有機會讓一個人也可以幸福終老。

這句話，讓許心怡聽了非常感動。從小在高雄岡山長大的她，小時候常到鄰居阿公、阿嬤家串門子，彼此相處得如同家人一般；後來自己的阿公中風，爸爸也會要求他們輪流餵阿公吃飯，讓她從小對長輩就有一份特殊情感。因此，當她知道站點計劃開設能夠帶動阿公、阿嬤活動筋骨的課程，便自告奮勇參與，希望為社區盡點心力。

許心怡說，每位長者都有自己的專業領域，辛苦打拚走過年輕歲月，雖然現在是她帶著長輩活動身體，但同時每位長者也都是老師，從他們的經驗分享中，自己獲得更多智慧，而能看見長輩有好的改變，她就更加開心了。

醫學人文 BMP015

修練幸福力
陪伴與成長的故事

作者 — 陳麗婷、林進修、黃筱珮

國家圖書館出版品預行編目(CIP)資料

修練幸福力 : 陪伴與成長的故事 / 陳麗婷, 林進修, 黃筱珮著. -- 第一版. -- 臺北市 : 遠見天下文化, 2019.11
面; 公分. -- (醫學人文 ; BMP015)
ISBN 978-986-479-857-5(平裝)

1.弱勢族群 2.通俗作品

546.56 108019671

客座總編輯 — 林建煌
主編 — 李桂芬
責任編輯 — 羅玳珊
美術設計 — 周家瑤（特約）
攝影
吳東峻（特約）：P. 10-11、18-19、21、22、27、28、31、37、38、41、42、44、49、50、53、54、57、58、62
連志偉（特約）：P. 64-65、68-69、71、74、77、80、82、86、89、91、92、95、96、99、100、103、104、111、112、115、116、119、120、127、128
林衍億（特約）：P. 192-193、197、200、209、210（上）、220（上）、234（上）
林奇召（特約）：P. 192-193、203、210（下）、213、214、220（下）、227、234（下）、238
圖片來源
孩子的書屋：P. 15
陳蔚綺：P. 130-131、135、136、139、140、143、144、149、150、155、158、163、171、179、187
Shutterstock：P. 174、182

出版者 — 遠見天下文化出版股份有限公司
創辦人 — 高希均、王力行
遠見 • 天下文化 • 事業群 董事長 — 高希均
事業群發行人／CEO／總編輯 — 王力行
天下文化社長／總經理 — 林天來
國際事務開發部兼版權中心總監 — 潘欣
法律顧問 — 理律法律事務所陳長文律師
著作權顧問 — 魏啟翔律師
社址 — 台北市 104 松江路 93 巷 1 號 2 樓
讀者服務專線 —（02）2662-0012
傳真 —（02）2662-0007；2662-0009
電子信箱 — cwpc@cwgv.com.tw
郵政劃撥 — 1326703-6 號 遠見天下文化出版股份有限公司
出版登記 — 局版台業字第 2517 號

電腦排版 — 立全電腦印前排版有限公司
製版廠 — 中原造像股份有限公司
印刷廠 — 中原造像股份有限公司
裝訂廠 — 中原造像股份有限公司
總經銷 — 大和書報圖書股份有限公司 電話／(02)8990-2588
初版日期 — 2019 年 11 月 29 日第一版第 1 次印行

定價 — 450 元
ISBN — 978-986-479-857-5
書號 — BMP015
天下文化官網 — bookzone.cwgv.com.tw